소중한
___________에게
드립니다!

길을 잃어도
걸음을 멈추지 않는다

길을 잃어도 걸음을 멈추지 않는다

괴테의 인생 조언

요한 볼프강 폰 괴테 지음
지선 편저

이너북
INNERBOOK

길을 잃어도 괜찮다

인생을 살다 보면, 길을 잃을 때가 있습니다. 다른 사람들은 잘만 사는데, 자꾸 나만 실패하거나 넘어져서 스스로가 초라하게 느껴질 때가 있지요.

삶의 방향은 불분명하고, 선택지는 많지만 확신이 없을 때도 있습니다. 이러한 혼란 속에서 괴테의 문장은 삶을 다시 일으키게 합니다.

괴테는 완성된 인간의 목소리가 아니라, 방황하면서도 멈추지 않았던 인간의 기록을 남겼기 때문이지요. 그의 말에는 성공보다 과정이, 결론보다 질문이 살아 있습니다.

괴테는 "인간은 노력하는 한 방황한다"라고 말합니다. 그 방황을 부끄러워하지 말고, 그 안에서 스스로를 형성하라고요. 그래서 그의 문장은 명령이 아니라 동행처럼 다가옵니다.

지금 당장 답을 주기보다, 다음 걸음을 내디딜 힘을 전해 줍니다. 이 책은 괴테의 명언 232개를 나열한 책이 아닙니다. 그 문장들을 오늘의 언어로 다시 숨 쉬게 하려는 시도지요.

길을 잃어도 괜찮다고, 다만 걸음을 멈추지 말라고 말해 주는 괴테의 인생 조언. 그래서 우리는 지금도, 다시 괴테를 읽어야 합니다.

지선

차례

Part 1.

인생

후회하지 않는다

누구나 지나간 일을 붙잡고 후회할 때가 있다. '그때 그렇게 하지 말걸', '좀 더 잘할 수 있었는데' 하는 생각이 끝없이 계속된다. 그러나 후회는 아무것도 바꾸지 못한다. 마음만 소모되고, 시간만 흘러갈 뿐이다.

"초조함은 아무런 도움이 되지 않는다. 후회는 더더욱 보탬이 되지 않는다. 초조함은 그릇됨을 늘리고, 후회는 새로운 후회를 낳는다."

후회는 문제를 해결하기보다 감정의 악순환을 낳을 뿐이다. 과거를 되돌리려는 마음 또한 또 다른 실망을 만들어낼 뿐이다. 중요한 건 '왜 그랬을까'를 되새기는 게 아니라, '그렇다면 지금은 어떻게 할 것인가'를 선택하는 일이다.

상황을 바꿀 수 있는 시간은 오직 지금뿐이다. 그 에너지를 과거에 묶어두면 앞으로 나아갈 힘이 사라진다. 후회할 시간에 행동하자. 그 순간부터 후회는 더 이상 나를 붙잡지 못한다.

시간을 믿는다

살다 보면 모든 것이 계획대로 흘러가는 날보다, 예상치 못한 변수와 실패가 겹치는 날이 더 많다. 그럴 때 '내가 제대로 가고 있는 걸까?'라며 흔들리곤 한다.

괴테는 이렇게 말했다. **"우리의 나날은 방황과 실패의 연속이지만, 시간이 쌓이면 성과와 성공이 찾아온다."**

성장은 하루아침에 눈에 띄지 않는다. 그러나 매일 조금씩 쌓이는 경험과 실수를 통해 배우는 경험, 포기하지 않으려고 노력한 흔적이 모여 어느 순간 하나의 성과로 나타난다.

눈앞의 혼돈에 마음을 뺏기지 말자. 시간이 가진 힘을 믿다 보면, 언젠가 시간은 당신의 편이 되어 흐르고 있을 것이다.

현재를 파악한다

"인간은 현재를 파악하는 데 충실하게 되면서 비로소 전
승된 것에 기쁨을 느끼게 된다."

지금, 이 순간을 제대로 볼 수 있을 때, 비로소 과거의 경
험도 의미를 가진다는 뜻이다. 현재를 대충 넘기면 과거도
흐릿해지고, 미래도 방향을 잃는다. 내가 무엇을 하고 있는
지, 어떤 선택을 내리고 있는지, 어떤 감정을 느끼고 있는지
정확하게 알아차려야 한다. 이것이 삶의 중심을 찾아준다.

모든 성장은 언제나 지금의 태도에서 시작된다. 현재를
온전히 파악하는 것, 그것이 인생을 움직인다.

상황을 부정하지 않는다

지혜로운 사람은 충동적으로 행동하지 않는다. 살다 보면 마음에 들지 않는 현실을 마주할 때가 있다. 그러나 현실을 애써 부정한다고 해서 상황이 나아지는 것은 아니다. 오히려 더 큰 불만과 스트레스만 키워질 뿐이다.

"그들은 타인의 상황을 부정할 뿐 아니라, 각양각색의 다른 사람이 자신과 똑같은 존재이길 요구한다."

자신의 처지를 인정하지 않는 사람은 결국 다른 사람의 삶도 똑같이 왜곡해 바라보게 된다는 뜻이다. 비교가 쌓이고, 불만이 커지면 어느 상황에서도 만족하지 못하게 된다.

지혜로운 사람은 불만 때문에 충동적으로 행동하지 않는다. 지금의 상황을 있는 그대로 받아들이고, 그 안에서 할 수 있는 선택을 찾는다. 받아들인다는 것은 포기나 체념이 아니라, 정확한 출발점을 세우는 일이다.

현실을 인정할 때 비로소 방향이 보이고, 방향을 제대로 찾을 때 비로소 움직일 수 있다. 변화를 만드는 힘은 언제나 '있는 그대로의 나와 상황'을 인정하는 데서 시작된다.

덧없음에 휩쓸리지 않는다

"인생의 덧없음을 과장되게 말하며 현세의 공허함만을 생각하는 사람은 불쌍하다."

허무함을 절대적인 진실처럼 받아들이면, 그 이후의 선택과 행동이 모두 흐려진다. 무의미하다고 결론 내리는 순간, 어떤 노력도, 관계도, 경험도 더 이상 자랄 수 없다.

하지만 괴테는 인간이 **"덧없음을 영원한 것으로 만들기 위해 이 세상에 존재한다"**고 말했다. 순간은 지나가지만, 그 순간을 어떻게 채우느냐에 따라 우리의 삶은 의미를 갖게 된다는 뜻이다. 허무함은 누구에게나 찾아오지만, 그것에 휩쓸릴 필요는 없다. 지나가는 감정을 영원한 진실로 착각하지 말고, 지금 내가 만들 수 있는 작은 의미를 쌓아가면 된다. 덧없음을 이유로 멈추는 대신, 덧없기 때문에 더 가치 있게 살 수 있다.

세상의 관습을 깨닫는다

"미래의 일이란 예언할 수 있는 것이 아니지만, 평화는 쉽게 오지 않는다. 세상은 겸허하지 않다. 위대한 사람은 권력을 남용하고, 대중은 웬만한 수준에는 만족하지 못한다."

세상은 본래 완전하지 않다. 누군가가 행복하면 다른 누군가는 불행할 수 있고, 이기심과 질투는 언제든 인간을 흔들어 놓는다. 이 복잡한 감정과 불완전함은 우리가 살아가는 현실의 일부다.

중요한 건 이 사실을 억지로 부정하거나 분노하는 것이 아니라, 그렇다면 나는 어떻게 움직여야 하는지 생각하는 일이다. 지혜로운 사람은 세상이 이상적이기를 바라며 멈춰 있지 않는다. 불완전함을 전제로 스스로의 선택을 조정하고, 그 안에서 할 수 있는 최선을 다할 뿐이다.

운은 만들어 가는 것

살다 보면 아무리 신중하게 선택해도 예상과 다른 결과가 나올 때가 있다. 괴테 역시 출판사와의 협상에서 큰 실수를 한 적이 있었다. 그러나 시간이 흘러 지나고 보니, 그 실수가 오히려 큰 피해를 막아준 셈이었다. 그때 잘못했다고만 생각했던 선택이, 결국 그를 살린 것이다.

"이런 일들이 인생에서 종종 벌어진다."

"우리의 행동에는 결과가 따르기 마련이지만, 올바른 행동이 언제나 좋은 결과를 가져오리라는 보장은 없다. 반대로, 잘못된 행동이 꼭 나쁜 결과를 만드는 것도 아니다."

우리는 인생에서 모든 것을 통제할 수 없고, 예측할 수도 없다. 그럼에도 불구하고 지혜로운 사람은 자신의 선택을 두려워하지 않는다. 인생에는 숙명이라 부를 만한 흐름이 있고, 그 흐름은 때때로 우리의 실수조차 기회로 바꿔 놓는다.

중요한 건 완벽한 선택을 하려 집착하는 것이 아니라, 선택한 뒤의 행동과 태도로 운을 만들어 가는 것이다. 운이란 하늘에서 떨어지는 것이 아니라, 매 순간 성실히 움직인 사람에게 찾아오는 숨은 보상이다.

중요한 일은 반복된다

수천 년 동안 수많은 위인들이 삶에 대해 고민하고 또 고민해 왔다. 그래서 지금 우리가 새로운 진리를 발견하기는 사실 쉽지 않다. 플라톤도, 레오나르도 다빈치도, 그리고 그 시대의 탁월한 사람들도 이미 우리가 느끼는 생각과 비슷한 통찰을 남겼다. 어쩌면 우리는 그저 오래된 지혜를 다른 방식으로 다시 듣고 있는 것뿐이다.

그런데도 이 이야기들은 계속 반복될 필요가 있다. 중요한 말일수록 시간이 지나면 쉽게 잊히기 때문이다. 세상에는 지금도 수많은 정보와 주장들이 쏟아진다. 그중에는 정확하지 않은 말, 사람을 혼란스럽게 만드는 말도 끝없이 퍼져 나간다. 그래서 우리가 삶에서 길을 잃지 않으려면, 본질을 향한 목소리를 다시 들어야 한다.

진짜 가치 있는 메시지는 새롭기 때문이 아니라, 변함없이 우리를 바로 세워 주기 때문에 반복된다. 이미 알고 있는 진리도 다시 읽고, 다시 생각하고, 다시 마음에 새기며 성장한다. 그래서 오늘도 오래된 지혜는 우리에게 조용히 말한다.

삶에서 길을 잃어도 걸음을 멈추지 않는다.

질투를 불러일으키지 않는다

괴테는 자신의 재능 때문에 종종 주변의 시샘을 받았다. 뛰어난 사람은 겉보기엔 빛나 보이지만, 그만큼 다른 사람의 감정을 자극하기도 한다. 평범함에서 벗어난 능력은 모두가 환영하는 선물이 아니다. 어떤 이는 그 차이를 인정하기보다는 감시하고 흠을 찾으려고 한다.

열심히 해서 성과를 내면, 격려와 칭찬만 따라오는 것이 아니다. 조용히 비교하고, 은근히 폄하하고, 이유 없는 불편함을 드러내는 사람도 있다. 그들은 실력으로는 시비를 걸 수 없기 때문에, 인격이나 태도에서 약점을 찾으려고 한다. 그래서 뛰어난 사람일수록 더 조심해야 할 때가 있다. 빛나는 실력을 숨길 필요가 없지만, 불필요한 갈등을 만들 정도로 과시할 필요가 없다.

타인의 시선을 두려워하는 것이 아니라, 내가 지켜야 할 중심을 잃지 않는 것이다. 타인의 질투는 막을 수 없지만, 그 질투에 휘둘리지 않는 힘은 스스로 만들 수 있다.

희망을 버리지 않는다

인간에게는 눈에 보이지 않는 힘이 있다. 그 힘은 우리가 완전히 무너진 순간에도 아주 작은 숨구멍처럼 남아 있다. 절망했다고 느끼는 순간에도, 마음 한편에서는 여전히 '다시 시작할 수 있다'는 가능성을 품고 있다.

괴테 역시 깊은 절망 속에 빠졌을 때, 그를 일으켜 세워준 것은 누군가의 조언이 아니었다. 그저 한 번의 좋은 꿈, 한 줄기 희망의 이미지가 그를 다시 삶으로 끌어올렸다. 희망은 그렇게 조용한 방식으로 우리를 붙잡아 준다.

우리가 살면서 마주하는 어려움도 마찬가지다. 일, 인간관계, 미래에 대한 불안 속에서도 희망을 단 한 번만 붙잡으면 생각보다 많은 것이 다시 움직이기 시작한다. 어떤 변화는 거대한 결심에서 생기지 않는다. 그저 **"이번만큼은 다시 살아보자"**라는 작은 마음에서 시작된다.

현명한 사람은 절망을 깊게 겪어도 희망만큼은 포기하지 않는다. 무너진 자신을 다시 일으킬 수 있게 해주는 가장 안정적인 힘이기 때문이다.

미래를 기다린다

괴테는 항상 미래를 향해 눈을 두고 살았던 사람이다. 그는 독일의 미래가 어떻게 바뀔지, 또 사람들은 어떤 존재로 성장할지를 깊이 고민했다.

"100년이 지나면 독일인은 어떤 모습일까? 지식만 가득한 학자나 철학자가 아니라, 더 단단한 '인간'으로 살아갈 수 있을까? 그 미래를 기대하며 기다려보자."

이 말은 지금을 사는 우리에게도 그대로 쓸 수 있다. 우리는 매일 뉴스와 변화 속에서 불안을 느끼지만, 그 속에서도 '더 나은 내일이 올 수 있다'는 기대를 버리지 않아야 한다. 미래는 스스로 움직이지 않는다. 하지만 미래를 바라보는 우리의 태도는 오늘을 바꾸고, 그 변화가 결국 더 나은 내일을 만든다.

시간이 흐른 뒤 우리가 어떤 사람이 될 지는 지금의 선택과 마음가짐이 결정한다. 그래서 괴테처럼 우리도 조용히 미래를 기다린다. 기대할 만한 사람이 되기 위해, 오늘을 더 잘 살아가기 위해.

의지를 굽히지 않는다

여기서 말하는 '악마'란 우리 안에서 속삭이는 나태함, 욕심, 자만 같은 유혹을 의미한다. 능력이 뛰어난 사람일수록 선택지가 많고, 기회도 많지만 그만큼 자신을 흔드는 유혹도 강해진다는 뜻이다. 그래서 괴테는 무엇보다 의지를 잃지 않도록 조심하라고 강조했다. 한 번 방향을 잃으면 다시 잡기 어렵고, 작은 흔들림이 결국 큰 후회를 만들 수 있기 때문이다.

현명한 사람은 자신의 약함을 애써 숨기지 않는다. 오히려 의지가 흔들릴 수 있다는 사실을 인정하고, 그 약함을 관리하는 사람이 진짜 강한 사람이라고 믿는다. 의지는 태어나면서 주어지는 재능이 아니라 매일 조금씩 쌓아 올라가는 힘이다. 그래서 우리는 흔들릴 때마다 다시 중심을 잡아야 한다. 굽히지 않으려는 마음이 결국 나를 지켜주는 마지막 방패가 된다.

현재에 충실하라

우리는 종종 '영원히 변하지 않는 무언가'를 좇느라, 정작 지금 내 앞에 있는 순간을 흘려보낼 때가 많다.

"항상 현재에 밀착해 있어야 한다. 어떤 상태에서도 어떤 순간에도 무한의 가치가 있다. 그것은 하나의 완전하고 영원한 모습의 대표적인 것이기 때문이다."

괴테의 말처럼, 지금 이 순간은 결코 순간으로만 끝나지 않는다. 오늘 내린 선택과 태도가 미래를 만들고, 결국 그것들이 모여 '영원'이라는 시간을 완성한다. 현재에 충실하다는 것은 거창한 목표에 목숨 걸듯 달려간다는 뜻이 아니다. 해야 할 일을 회피하지 않고, 자신에게 주어진 상황을 받아들이며, 지금 할 수 있는 만큼 움직이는 것이다.

때로는 불안 때문에 미래를 쫓아가고, 때로는 후회 때문에 과거를 붙잡지만, 실제로 움직일 수 있는 시간은 언제나 '지금'뿐이다.

눈을 크게 뜨고 본다

괴테는 격동의 시대를 살았다. 그의 시대는 정치·사상·전쟁이 끊임없이 뒤바뀌는 혼란의 연속이었다. 그는 이렇게 회고한다.

"나는 크게 얻었다. 세계사적 대사건이 마치 그날그날의 일정인 양 일어났고, 일생 동안 지속적으로 발생하는 시대에 태어났기 때문이다."

7년 전쟁, 미국 독립, 프랑스 혁명, 나폴레옹의 시대와 몰락까지. 대부분의 사람은 그저 하루하루를 버티느라 바빠, 이 거대한 변화가 어떤 의미를 지니는지 제대로 보지 못했다.

하지만 괴테는 달랐다. 그는 눈을 크게 뜨고 시대를 바라봤고, 거대한 사건 속에서 인간의 본성과 세계의 흐름을 읽어 냈다. 같은 시대를 같은 속도로 살았어도, 누군가는 아무것도 보지 못하고 지나가고, 누군가는 그 속에서 배움과 통찰을 건져 낸다. 차이는 삶의 무게가 아니라 어떻게 바라보는가에 있다.

Part 2.

성공

현명한 사람은 충고를 듣는다

젊었을 때 시행착오를 경험해야 한다. 방황도 인생에 필요한 요소라고 말하는 사람이 많다. 그러나 괴테는 다른 길을 가라고 말한다.

"젊은이는 헤매기보다, 먼저 앞서 걸어간 이들의 충고에 귀를 기울여라. 삶의 길을 곧게 걸어가는 것 자체가 이미 큰 가치다."

인생은 우리가 생각하는 것만큼 길지 않다. 돌아가며 배우기엔 흘러가는 시간이 너무 아깝다.

진짜 현명함은 모든 시행착오를 직접 겪는 데서 오지 않는다. 먼저 경험한 이들의 지혜를 받아들여, 자신의 삶을 한 걸음 더 단단하게 다져가는 것. 그것이 흔들리지 않는 성장이다.

스승을 찾는다

좋은 스승을 만나는 일은 인생에서 가장 큰 행운이자, 성공으로 가는 빠른 길이다.

"모든 것을 독학으로 배우려 하는 태도는 칭찬받을 일이 아니다. 재능 있는 젊은이를 방치해서는 안 된다. 젊은이는 훌륭한 스승 아래에서 자신의 능력을 갈고닦아야 한다."

괴테는 자신만의 천재성을 내세우며 스승을 찾지 않는 젊은 예술가들을 경계했다. 그는 그들이 자만 속에서 머무른다고 보았다.

"스승을 찾지 않는 사람은 결국 자기 한계를 영원히 넘지 못하는 멍청한 자다."

스승은 우리를 대신해 길을 걸어본 사람이다. 그들의 눈을 빌릴 수 있다면, 우리는 훨씬 더 멀리, 훨씬 더 빠르게 성장할 수 있다.

지금 바로 시작한다

해야 할 일이 있다면, 지금 바로 시작하자. 잠깐의 시간이더라도 소중하게 쓰면 보석 같은 순간이 된다.

"30분을 하찮다고 여기지 마라. 그 30분으로 작은 일들을 처리하면, 그 순간이 삶을 무겁지 않게 만들 것이다."

무엇을 할지, 어떻게 해야 할지 끝없이 고민만 하다 보면 아무것도 하지 못한 채 10년이 훌쩍 흘러가 버릴 수 있다.

"시간을 성실하게 사용하라. 이해하고 싶다면 멀리서 답을 찾지 마라."

지금 내 앞에 있는 이 작은 순간을 붙잡는 것, 그것이 결국 내 삶을 움직이는 첫걸음이다.

변하지 않는 것을 바라보다

성공을 믿는 마음은 미래를 여는 열쇠다. 우리가 어떻게 생각하느냐에 따라 앞날의 방향도 달라진다. 미래를 향한 긍정적인 태도는 모든 노력을 움직이게 하는 원동력이다.

"등대의 불빛이 때로는 다른 곳을 비추는 것처럼 보여도, 그 빛을 끝까지 놓치지 말고 바라보라. 그러면 결국 안전하게 해안에 다다를 수 있을 것이다."

흔들리는 순간에도 희망의 불빛을 잃지 않는 사람만이 자신의 인생을 원하는 곳으로 이끌어 갈 수 있다.

스스로 자신을 발견한다

우리가 빛나는 이유는, 그 안에 이미 빛날 요소가 있기 때문이다.

"나무가 불타는 것은 그 안에 타오를 성질이 있기 때문이다. 사람이 명성을 얻는 것도 그 사람이 이미 그런 자질이 있기 때문이다. 명성은 원한다고 얻어지는 것이 아니다. 쫓아가 봤자 붙잡을 수 없다."

중요한 것은 남들의 기준을 따라 이름을 얻는 것이 아니라, 내 안에 숨겨진 가능성의 '발화점'을 발견하는 일이다. 현명한 사람은 스스로의 불씨가 어디에 있는지를 알고, 그 불씨에 바람을 불어넣어 자신의 길을 환하게 밝힌다.

지나치게 초조해 하지 않는다

지혜로운 사람도 태어날 때는 우리와 똑같이 백지 상태였다. 정상을 향해 가는 길은 한 걸음씩 쌓아가는 수밖에 없다.

"세상이 아무리 발전해도, 어느 시대든 젊은이는 처음 시작점에서 출발할 수밖에 없다. 세계 문화의 흐름을 순서대로 따라 경험하며 성장할 수밖에 없다."

초조함은 결코 인생에 도움이 되지 않는다. 초조함은 결국 열 배의 벌로 돌아온다. 조급하게 목표를 당기려고 할수록 목표는 더 멀어진다. 조급함을 내려놓고, 오늘 할 수 있는 작은 걸음에 집중하라. 꾸준히 한 걸음씩 나아가는 사람이 결국 정상에 가까워진다.

작은 것부터 시작한다

천재 괴테도 대작을 완성하는 데는 큰 고생을 겪었다. 대표작 《파우스트》는 집필에만 무려 60년이 걸렸고, 제5막 도입부가 완성되기까지 30년 이상이 흘렀다.

"대작은 조심해야 한다. 재능이 뛰어나고 노력하는 사람일수록, 큰 작품 때문에 고생하기 마련이다. 나 역시 그 고생을 겪었다."

대작이 머릿속에 자리 잡으면 일상의 여유도 사라지고, 작품을 만드는 일정을 제대로 장악하지 못하면 모든 노력이 수포로 돌아가기 쉽다. 그러므로 먼저 작은 일부터 시작하라. 작은 성공이 켜켜이 쌓여야 비로소 큰 성취로 나아갈 수 있다.

목표로 삼은 것에서 배운다

우리가 나아가려는 길에서, 이미 선두에 선 사람을 모범으로 삼자. 괴테는 이렇게 경고한다.

"자신이 지향하는 길과 같은 작품을 제대로 본받으려 하지 않으면서, 똑같은 것을 만들려는 사람은 많다. 이미 창조된 예술을 즐기거나 이해하지 않고, 아무것도 모른 채 다시 창조하려는 것이다."

결과는 만족스럽지 않은 복제품일 뿐이다. 배움과 모방을 소홀히 한 채 성취를 기대하는 것은 결국 불행을 부른다. 먼저 목표가 된 이들의 길을 배우고, 그 안에서 자신만의 색을 더하며 나아가야 한다.

현명한 사람과 만난다

괴테는 지성의 빈곤이 고립에서 비롯된다고 보았다. 혼자 연구하고 배우다 보면, 세상에 얼마나 많은 지혜가 흩어져 있는지 알기 어렵다.

"만약 훔볼트 같은 사람이 내가 연구하던 주제에 대해 나 혼자라면 몇 년이 걸렸을 일을 단 하루 만에 끝낼 수 있게 알려준다면, 얼마나 감사한 일인가."

지혜로운 사람과의 만남은 시간을 단축시키고, 우리가 혼자 깨닫기 힘든 통찰을 선물한다. 스스로의 힘만으로는 한계가 있을 때, 그들의 경험과 지식을 배우는 것이 성장의 지름길이다.

인내심을 기른다

재능만으로는 성공할 수 없다. 때로는 뛰어난 능력을 지녔음에도, 인내심이 부족하면 목표에 도달하지 못한다.

"중요한 것은 뛰어난 생각을 갖고 있는가가 아니다. 그 생각을 실현할 힘과 인내심을 지니고 있는가가 더 중요하다. 그 외의 것들은 큰 의미가 없다."

작은 성과에 흔들리지 않고, 꾸준히 한 걸음씩 나아가는 힘. 그것이 결국 재능을 성공으로 연결하는 열쇠다.

자신의 입장을 지킨다

지혜로운 사람은 무리에 휩쓸리지 않는다. 물론 무리를 이루면 힘이 커질 수 있다. 하지만 그 속에 몸을 맡기면, 개인의 힘과 판단은 점차 약해진다.

"어떤 집단이 옳다고 해도, 완전히 옳은 것은 결코 없다."

정치인은 그럴 수 있다 치더라도, 예술가나 사상가들이 당파에 매몰되면 자유로운 정신과 편견 없는 시선은 쉽게 사라진다.

자신의 기준을 지키고, 스스로 판단하며 나아가는 힘, 그것이 진정한 자유와 성취를 가져온다.

휴식을 취한다

피로할 때는 주저하지 말고 쉬자. 다양한 분야에서 활동한 괴테도 결코 무리하지 않았다.

"내 조언은 단 하나, 무엇에도 무리하지 말라는 것이다. 생산적이지 못한 날에는 잡담을 하거나 낮잠을 자는 편이 낫다. 그럴 때 쓴 글을 나중에 보면 오히려 마음만 상하게 된다."

휴식과 수면은 인간에게 창조적 힘을 되돌려주는 원천이다. 지혜로운 사람은 이 휴식의 가치를 알고, 스스로를 회복시키는 방법을 현명하게 선택할 줄 안다.

가장 좋은 투자는
스스로에게 하는 것

"경험을 쌓고 배우려 할 때, 우선 해결해야 할 것이 돈이다. 내가 던지는 농담 하나하나에도, 지갑 가득한 금화가 들어갔다."

괴테는 '안다는 것', '배운다는 것'에 기꺼이 재산을 투자했다. 아버지의 전 재산뿐 아니라 자신의 급여와, 50여 년에 걸친 상당한 액수의 원고료까지 모두 배움과 성장을 위해 썼다.

지혜로운 사람은 돈의 가치를 안다. 단순히 소유하는 것이 아니라, 자신과 지식, 경험에 투자할 줄 아는 사람만이 진정한 힘과 성취를 얻을 수 있다.

가슴속에 간직한다

"가슴속에 키우고 있는 시상(詩想)을 타인과 나누는 것은 내 성격상 생각조차 할 수 없는 일이었다. 심지어 프리드리히 실러와 이야기할 때도 마찬가지였다. 나는 모든 것을 조용히 가슴에 묻어 두고, 그것이 충분히 무르익을 때까지 아무에게도 알리지 않았다."

아이디어와 생각은 함부로 드러낼수록 쉽게 희미해진다. 괴테는 그것을 가슴속에서 오래 키우며, 스스로 숙성될 때까지 기다렸다. 그 과정에서 생각은 깊어지고, 표현은 더욱 단단해진다.

지혜로운 사람은 스스로 내면을 다스리며, 타인에게 보여줄 때를 신중히 선택한다. 그리하여 가슴속에 간직한 것만이 진정한 힘과 아름다움으로 빛난다.

부정적인 생각은 버린다

괴테는 시인 바이런에 대해 이렇게 말했다.

"전통이나 애국적 가치와 결별한 것이, 그처럼 뛰어난 인물을 파멸로 이끌었다. 혁명적인 정신과 그로 인한 마음의 동요가, 재능에 걸맞은 발전을 막은 것이다."

괴테는 반대나 부정적 감정이 뛰어난 작품과 성취를 무너뜨릴 수 있음을 경계했다. 지혜로운 사람은 부정적인 생각보다는 먼저 긍정적이고 건설적인 생각에 집중한다. 아주 작은 부정적인 생각이라도 마음을 흔들고 창조력을 빼앗는다.

하지만 긍정적인 태도는 내면의 힘을 단단하게 만든다. 스스로의 생각과 감정을 주도하며, 부정적인 요소를 경계하고 넘어서는 노력이야말로 성취와 성장의 필수 조건이다.

스스로를 평가한다

결정적인 순간에 자신을 되돌아보고 엄격하게 평가하는 일은 매우 중요하다. 지혜로운 사람은 스스로에게 엄격하며, 높은 목표와 무거운 과제를 부여한다. 자신을 질책하는 태도는 결국 타인을 배려하는 마음과도 연결된다.

"뛰어난 예술가는 타고난 소질보다, 끊임없는 수행과 자기 단련을 통해 만들어지는 경우가 많다."

스스로를 돌아보고 부족한 점을 바로잡는 습관이야말로, 내면의 성장과 성취를 만드는 핵심이다. 자신에게 솔직하고 엄격할 때, 진정한 역량과 책임감이 자리 잡는다.

게으른 사람을 신경 쓰지 않는다

"세상은 죽이나 잼으로 만들어져 있지 않다."

인생은 부드럽고 달콤한 것만 담겨 있는 그릇이 아니다. 그러니 게으름에 안주해 시간을 흘려보내기보다, 단단하고 까다로운 과제 앞에서도 두려움 없이 마주 서야 한다.

"목에 걸리든, 소화해 내든, 둘 중 하나다"라는 말처럼, 어려움은 피할 수 있는 것이 아니라 반드시 통과해야 하는 관문이다.

지혜로운 사람은 이 단단하고 거친 과제들을 통해 스스로를 단련한다. 쉽고 편한 길만 찾는 사람에게는 성장도, 성취도 결코 찾아오지 않는다. 진짜 힘은 불편함을 견디고, 도전을 받아들이고, 한 번 더 해보는 끈기 속에서 길러진다. 삶의 무게를 정면으로 마주하는 순간, 우리는 비로소 더 넓은 세계를 만난다. 결국 오늘의 작은 용기와 실천이 내일의 탄탄한 자신감을 만든다.

생각을 정리한다

생각을 정리한다. 머릿속을 먼저 정리해야 삶도 제자리를 찾아간다. 생각하고 고민할 가치가 있는 것과 그렇지 않은 것을 구분하는 습관이 필요하다.

"생각하거나 행동할 때, 도달할 수 있는 것과 도달할 수 없는 것을 구별해야 한다. 그렇지 않으면 삶에서도, 학문에서도 원하는 성과를 얻기 어렵다."

현명한 사람은 생각을 정리할 때도 가장 효율적인 길을 택한다. 중요한 것과 불필요한 것을 명확히 나누고, 핵심에 집중할 때 사고와 행동은 더욱 날카로워진다. 불필요한 생각에 에너지를 빼앗기지 않고 본질에 집중하는 태도가 곧 지혜로 이어진다. 마음속 어지러움을 걷어내는 것만으로도 삶은 훨씬 단순해지고, 무엇을 선택해야 할지 분명해진다. '어떤 생각을 붙잡을 것인가'가 우리의 하루와 미래를 결정한다.

노력의 성과를 의심하지 않는다

"조형미술에 대한 나의 시각이 잘못됐다는 것을 깨닫기까지, 나는 많은 세월을 허비했다."

그러나 괴테는 그 '허비한 시간' 속에서 누구도 대신 얻어줄 수 없는 통찰을 발견했다. 괴테는 인정했다.

"재능이 없다면 작품에 매진한다고 해서 거장이 될 수 없다. 하지만 나는 화가는 될 수 없었지만, 탐구를 거듭하며 하나하나의 선과 형태, 그리고 불만스러운 점을 설명할 만큼 작품을 이해하게 되었다. 그 과정에서 거장의 작품을 평가하고 감상할 안목을 갖추게 되었다."

노력은 항상 눈에 보이는 성과로 돌아오지는 않는다. 그러나 꾸준히 탐구한 경험은 내면에 쌓여 '본질을 보는 힘'으로 변한다. 어떤 길은 내가 원하는 목적지로 데려가진 않지만, 대신 예상치 못한 지혜와 시야를 선물한다.

중요한 건 성과를 의심하며 멈추는 것이 아니라, 나를 조금씩 깊어지게 하는 그 과정 자체를 믿는 일이다.

일을 즐긴다

일을 즐기자. 일을 즐기는 것이야말로 성공의 가장 깊은 비결이다.

"나는 자연과학에 관해 글을 쓰고 있다. 이는 내 글이 과학을 눈부시게 발전시킬 수 있다고 믿어서가 아니다. 오히려 자연과학을 탐구하는 과정에서 큰 즐거움을 얻기 때문이다."

지혜로운 사람은 무거운 과제도 즐길 줄 안다. 일의 무게보다, 그 일을 통해 배우고 성장하는 순간들에 더 큰 의미를 둔다. 억지로 하는 일은 오래가지 않지만, 즐거움을 발견한 일은 스스로 깊어지며 탁월함으로 이어진다. 즐거움이 스스로를 앞으로 나아가게 하는 가장 강한 에너지이기 때문이다.

타인의 도움을 받는다

괴테는 타인의 힘을 적절히 빌리는 데 능숙한 사람이었다. "혼자 일하는 것은 좋지 않다. 고립되는 것은 좋지 않다. 무언가를 이루기 위해서는 타인의 도움과 자극이 반드시 필요하다."

시인, 극작가, 소설가, 철학자, 자연과학자, 정치가, 법률가까지 수많은 분야에서 정상에 올랐던 괴테에게는 그만큼 많은 지적 협력자가 있었다. 그의 오랜 친구 실러, 충실한 기록자 에커만 등이 그 대표적인 인물들이다.

위대한 성취는 혼자서 도달하는 것이 아니다. 서로의 시선이 합쳐질 때 생각은 더 넓어지고, 혼자서는 닿기 어려운 세계까지 문이 열린다. 타인의 도움을 기꺼이 받아들일 줄 아는 태도, 그 겸손함이 더 큰 가능성을 향해 나아가게 한다.

돈을 번다

괴테는 돈을 버는 문제를 결코 가볍게 보지 않았다.

"감독이 수입에 대해 고민하지 않아도 될 때 생활이 안정적일 때 극장은 위기를 맞는다. 손실을 다른 재원으로 메울 수 있는 상황이어도 마찬가지다."

괴테는 이렇게 덧붙였다.

"개인의 이해관계가 걸려 있지 않으면, 사람은 일을 대충 처리하려는 경향이 있는 듯하다. 셰익스피어도, 몰리에르도 자신이 운영하는 극장에서 먼저 돈을 벌고자 했다. 목표를 이루기 위해 최선의 상태를 유지하려 노력한 것이다."

돈을 벌어야 하는 현실적 이유가 있을 때 인간의 집중력과 책임감은 최고조로 오른다. 이러한 긴장감이 무대를 단단히 하고, 작품의 완성도를 높이며, 예술의 깊이를 더했다. 위대한 예술은 순수한 열정뿐 아니라 냉정한 생계의 무게 위에서도 성장하는 것이다.

업무 성과에 날짜를 적는다

괴테는 제자 에커만에게 이렇게 말했다.

"그 어떤 시(詩)에도 반드시 쓴 날짜를 적어두게. 그것이 자네의 일기가 될 걸세. 나는 오래전부터 그렇게 해왔고, 그 중요함을 잘 알고 있네."

날짜를 적는 행위는 단순한 기록이 아니다. 하나의 과정이 언제 시작되고, 어떻게 완성되었는지를 스스로 확인하는 명확한 기준이 된다. 작업의 흔적이 쌓일수록 자신이 얼마나 성장했는지 눈에 보이고, 다음 단계로 나아갈 힘도 생긴다. 작은 기록 하나가 시간을 체계적으로 다루는 힘을 만들고, 꾸준함을 이어가는 증거가 된다.

눈으로 훔친다

일은 눈으로 훔치는 데서 시작된다. 괴테는 이렇게 말했다.
"진정한 예술은 학원이 필요 없다. 하지만 예비 작업은
있을 수 있다. 예비 작업이란 스승의 일을 돕는 것이다. 물
감을 개는 조수들 중에서 뛰어난 화가가 많이 배출되는 것
도 전혀 이상한 일이 아니다."

일의 본질은 결국 '관찰'에서 시작된다. 좋은 사람을 곁
에서 지켜보고, 그가 선택하는 과정과 손의 움직임을 그대
로 눈에 담는 것. 그렇게 훔쳐 배운 기술은 시간이 쌓일수
록 손끝의 감각으로 이어지고, 점점 자신의 방식으로 변한
다. 눈으로 배우고 손으로 기억하는 과정이, 탁월함에 이
르는 가장 오래된 방법이다.

권위에 속지 않는다

다른 사람의 위에 서는 사람에게 필요한 자질은 무엇일까. 괴테는 그것을 위대함이라고 했다.

"위대한 재능을 갖춘 군주만이 신하의 재능을 인정하고 제대로 평가할 수 있다."

참된 리더는 부하를 정확히 보고, 그들의 능력을 공정하게 평가한다. 반대로, 자신이 가진 지위를 과시하며 권위를 내세우는 상사는 결코 존경을 얻지 못한다. 괴테에게 '훈장 달린 상의'는 지식과 실력이 부족한 사람이 대중을 겁주기 위해 내세우는 겉치레에 불과했다. 권위란 스스로의 인간적 가치를 지킬 수 있을 때 비로소 의미가 있다. 겉으로 빛나는 훈장보다, 사람의 마음을 움직이는 진정한 품격이 더 먼 길을 이끈다.

일에서 기쁨을 찾는다

"매너리즘에 빠지면 일을 빨리 끝내는 것만 생각하게 된다. 그렇게 되면 일 자체에 대한 기쁨은 사라져버린다. 그러나 진정으로 위대한 재능은 일을 해나가는 과정에서 최고의 기쁨을 발견하는 데 있다."

일의 진가는 결과가 아니라 과정 그 자체에 있다. 몰입하는 순간이 쌓일수록 능력은 단단해지고, 작은 성취도 큰 만족으로 이어진다.

현명한 사람은 일 그 자체에서 가치를 발견하는 사람이다. 그는 '끝내기 위한 일'이 아니라 '살아 있기 위해 하는 일'을 선택한다.

자신의 책무를 완수한다

먼저 자신이 맡은 일을 끝까지 책임지고 완수하자. 그리고 타인의 일에 함부로 끼어들어 방해하지 말자.

"각자 자신의 일에 최선을 다해야 한다. 그리고 다른 사람이 일하는 데 불필요하게 간섭해서는 안 된다. 구두 장인은 작업대 앞에서 실력을 쌓아야 하고, 농부는 자신의 땅을 일구어야 한다. 지도자는 나라를 운영할 능력을 갖추면 그만이다."

자신의 일에 충실하지 못한 사람이 오히려 타인의 일에 간섭하기 쉽다. 반대로, 자기 자리에서 묵묵히 역할을 다하는 사람은 말보다 결과로 신뢰를 쌓는다. 책임을 다하는 태도는 흔들리지 않는 삶의 기반이 되며, 어떤 관계에서도 가장 강력한 신뢰로 이어진다

일하는 공간을 정리한다

일터를 아무 생각 없이 화려하게 꾸미지 마라. 괴테는 이렇게 말했다.

"주변을 지나치게 안락하고 고급스럽게 만들면 생각이 흐려지고 마음이 느슨해진다. 내 서재는 겉보기엔 조금 어수선해 보이지만, 나만의 방식으로 정리되어 있다. 그래서 더 자유롭게 집중해서 일할 수 있다."

현명한 사람은 보여주기 위한 공간이 아니라, 일이 잘되는 기능적인 공간을 만든다.

Part 3.

인간관계

관계 맺기

새로운 관계를 맺어보자. 익숙한 자리에서만 머무르지 말고, 아직 가보지 않은 세계를 향해 마음을 열어두자.

괴테는 이렇게 말했다.

"중요한 것은 모르는 것, 모르는 사람에게 마음을 활짝 열고 다가가는 일이다."

낯선 만남과 새로운 자극은 우리의 세계를 넓히고, 결국 한 단계 더 성장하게 만든다.

승부는 큰 곳에서 가린다

좁은 사회에만 머물면 시야도, 마음의 그릇도 자연스레 작아진다.

"재능만으로는 충분하지 않다. 때로는 도전의 장으로 들어가 승부를 걸어볼 필요가 있다."

인생도 어쩌면 하나의 도박과 같다. 괴테는 "나는 현재에 모든 것을 걸었다"라고 말하며, 주저하지 않고 큰 사회의 한복판으로 뛰어들었다. 그는 작가이자 정치가였고, 무대감독이자 배우였으며, 자연과학자의 길까지 걸어간 사람이다. 거장인 괴테는 그렇게 자신이 선택한 무대에서 역동적인 삶을 살아냈다.

고군분투

사회 속으로 뛰어들어라. 사람은 결국 사람 사이에서 가장 크게 성장한다. 괴테는 이렇게 말했다.

"무언가를 시작하거나 계획할 때, 개인의 힘만으로는 부족하다. 사회의 울타리 안에서야 비로소 견실한 인간이 형성된다. 건강한 기상을 지닌 인간은 서로 관계를 맺으며 살아가야 한다."

혼자만의 성장은 한계가 있다. 우리는 관계 속에서 단단해지고, 세상 속에서 비로소 자신을 완성해 간다.

흔들리지 않으려면

사람은 직접 만나봐야 안다. 누구든 먼저 관계를 맺어보자. 괴테는 다양한 성격을 겪어보는 과정에서 삶의 지혜가 쌓인다고 말했다.

"나와 잘 맞지 않는 사람과 지내려면 자연스레 자제심이 필요해진다. 그 자제심이 우리 안의 다른 능력을 깨우고, 더 단단하게 다듬어 준다. 그렇게 우리는 어떤 사람 앞에서도 흔들리지 않는 힘을 갖게 된다."

우리가 흔들리지 않는 이유는 편한 사람만 만나서가 아니라, 다른 결을 가진 사람들과 부딪히며 스스로를 길들였기 때문이다.

인사는 품격을 나타낸다

인사는 작은 행동 같지만, 사람의 품격을 드러낸다. 괴테는 이렇게 말했다.

"예의범절은 사람을 비추는 거울이다. 인사하는 태도에서 경박함이 느껴진다면, 누구도 그에게 고개를 숙이지 않을 것이다."

현명한 사람은 상대방의 인사만 봐도 그 사람의 내면을 읽어낸다.

함부로 대하지 마라

아무에게나 스스럼없이 대하는 태도는 가벼워 보일 뿐 아니라, 관계의 깊이를 얕게 만든다.

괴테는 **"존경심 없이 스스럼없기만 한 태도는 우스운 일"**이라고 말했다.

겉으로 번듯해 보이는 예의만으로는 상대에게 진심을 전달할 수 없다. 형식적인 예절에 마음 깊은 곳의 도덕성과 배려가 더해질 때, 비로소 그 사람의 품격이 드러난다.

그러므로 예의는 단지 '예절을 지키는 기술'이 아니라, 상대를 존중하려는 마음에서 시작된다. 진짜 예의를 가진 사람은 말투보다 마음가짐으로 자신을 증명한다. 그들은 누구를 대하든 가볍게 굴지 않고, 관계의 가치를 스스로 높이는 길을 선택한다.

상황에 맞는 관습

윗사람을 대할 때는 기본적인 예의와 상황에 맞는 관습을 지키는 것이 무엇보다 중요하다. 작은 배려와 방식의 차이가 신뢰를 만들고, 관계를 부드럽게 이어주는 힘이 되기 때문이다.

"지나치게 사적으로 굴지 말고, 상황에 맞는 관습 안에서 행동하라."

괴테가 말한 '관습'은 시대에 뒤처진 형식이 아니라, 서로를 존중하는 하나의 '언어'였다. 관습을 존중하며 행동하는 사람은 어떤 자리에서도 안정적인 인간관계를 만들어 낸다. 그런 태도는 상대에게 편안함을 주며, 말하지 않아도 자연스럽게 품격을 드러낸다.

결국 현명한 사람은 관습의 가치를 이해하고, 그 안에서 자신을 가장 자연스럽고 아름답게 표현할 줄 아는 사람이다.

배려는 미덕

바이마르 궁정극장의 감독이었던 괴테는 장래가 유망한 배우들을 자신의 살롱으로 초대해, 한 사람 한 사람을 진심으로 존중하며 맞이했다. 그에게 중요한 것은 단순히 친분을 쌓는 것이 아니라, 그 배우가 세상과 충분히 교류할 만한 가치와 가능성을 지닌 인물임을 알리는 일이었다.

"나는 모든 배우들이 세상에서 존경받는 사람들이 되기를 바라며 그들을 위해 노력했다."

괴테의 세심한 배려는 단순한 친절을 넘어, 배우들의 사회적 지위를 높이고 자부심을 북돋우는 원동력이 되었다. 그 결과 궁정극장은 한층 더 높은 예술적 수준을 갖추게 되었고, 괄목할 만한 발전 뒤에는 '배려가 곧 성장을 이끈다'는 괴테의 리더십이 있었다.

친구를 가려서 사귄다

누구와 친구가 될지 신중하게 고르자. 친구 한 사람이 주는 영향은 생각보다 크고, 때로는 우리의 진로와 가치관까지 바꿔놓을 수 있다.

"당신이 누구와 어울리는지 말해보라. 그러면 당신이 어떤 사람인지 내가 말해 줄 수 있다."

그래서 현명한 사람일수록 곁에 둘 사람을 잘 고른다. 진심 있고 깊이 있는 사람과의 우정은 나를 더 단단하게 만들고, 성장할 수 있게 이끌어준다. 괴테에게도 프리드리히 실러처럼 생각을 자유롭게 나누는 친구가 있었고, 그 관계는 서로의 시야를 넓히는 힘이 되었다. 좋은 친구는 단순히 옆에서 위로만 해주는 사람이 아니다. 나를 더 나은 방향으로 이끌어주는 거울이자 든든한 동반자다.

적을 인정한다

바이마르 공화국의 재상이었던 괴테에게, 프랑스를 이끄는 나폴레옹은 분명 맞서야 하는 상대였다. 그럼에도 괴테는 감정에 휘둘리지 않고, 그의 능력과 결단력을 인정했다.

"나폴레옹은 참으로 훌륭한 인물이다. 명석하고 결단력이 있으며, 자신에게 유리하다고 판단한 것을 즉시 실행할 줄 아는 힘이 있다."

괴테는 나폴레옹을 이렇게 평가하며, 적이라도 배우고 존중할 부분이 있다면 솔직히 인정해야 한다고 보았다. 나폴레옹 역시 괴테를 만난 자리에서 "여기 인물이 있구나"라고 말하며 그의 재능을 높이 샀다. 두 사람은 경쟁이라는 경계를 넘어 서로의 가치를 바라보며, 진정한 의미의 '존중'을 보여주었다. 적까지 인정할 줄 아는 태도는 단단한 내면을 가진 사람만이 가질 수 있는 힘이다.

바보를 멀리한다

바보 같은 태도와 사고방식을 가진 사람들과는 거리를 두자. 그들은 생산적인 기여를 하지 못할 뿐 아니라, 우리의 에너지와 집중력을 갉아먹는다.

"온갖 도둑 중에서 가장 악질은 바보다. 그들은 당신에게서 시간과 기분, 두 가지를 훔쳐 간다."

지혜로운 사람은 자신의 삶에 어떤 에너지를 들여보낼지 신중하게 선택한다. 불필요한 소모를 일으키는 사람들과 거리를 둘수록, 생각은 더 맑아지고 삶은 더 단단해진다. 현명한 사람 곁에는 바보가 없다.

대범하게 행동한다

옹졸함에 갇히지 말고, 더 크게 보고 더 크게 행동하자. "대범하게 행동하면 사람들의 호감을 얻는다. 단, 그 행동에 겸손이 함께할 때만 그렇다."

자신을 드러내기 위해 과하게 포장하면 오히려 신뢰를 잃는다. 벤저민 프랭클린 또한 "겸손한 태도와 대범함은 사람들의 마음을 얻는 최고의 방법"이라고 강조했다. 대범함은 타인에게 믿을 만한 사람이라는 인상을 남기고, 겸손함은 그 믿음을 오래 유지하게 만든다. 반대로 작은 옹졸함과 과시는 잠깐의 만족만 줄 뿐, 오랫동안 영향력을 주는 사람으로 남게 하지는 못한다.

타인의 평가를 경계한다

괴테는 가장 뛰어난 사람이 오히려 무시당하고, 평범한 실력을 가진 사람들이 지나치게 높이 평가되는 경우가 많다고 경고한다.

"인간은 자신이 이해할 수 있는 것만 인정하고 칭찬한다. 그래서 어떤 사람들은 이류 수준의 능력으로 생계를 유지하면서 궤변을 늘어놓고, 비난할 거리를 찾아 헐뜯고, 사소한 것들을 과하게 칭찬한다."

지혜로운 사람은 이러한 사람들의 한계와 시야를 제대로 파악한다. 마르쿠스 아우렐리우스도 "사람의 가치는 타인의 평가로 결정되지 않는다. 스스로를 아는 사람이 강하다"라고 말했다.

이류의 평가에 마음이 흔들릴 필요는 없다. 그들의 칭찬은 근본이 없고, 비난은 깊이가 없다. 오히려 자신의 기준을 지키며 묵묵히 실력을 쌓는 삶이 결국 진짜 승자가 된다. 현명한 사람은 타인의 소음에 휘둘리지 않고 자신의 길 위에서 조용히 빛난다.

언행을 신중히 한다

상대에 따라 말의 깊이를 조절하라.

"수준 높은 것을 받아들일 준비가 된 사람은 매우 드물다. 가치 있는 지식과 통찰은 먼저 자신을 위해 간직하고, 그것이 타인에게 도움이 될 때만 드러내는 것이 현명하다."

현명한 사람은 어리석은 사람을 억지로 설득하려 하지 않는다. "사람은 자신이 이해할 수 있는 것만을 듣는다"라는 괴테의 말처럼, 상대가 받아들일 수 없는 이야기는 결국 공허한 소리로 끝날 뿐이다.

그래서 말과 행동은 언제나 상황과 상대에 맞게 신중히 선택해야 한다. 말의 무게를 아는 사람은 감정에 휘둘리지 않고, 적재적소에 필요한 말만 꺼내어 스스로의 품격을 지킨다.

적을 미워하지 않는다

경멸할 만한 사람은 사실 '적'으로 대할 가치조차 없다. 괴테는 이렇게 말했다.

"모든 사람에게 최선을 다할 수는 없다. 이 사실을 아는 사람은 친구를 존중해야 한다는 것을 안다. 또한 적을 미워하거나 박해하지 않는다. 오히려 적의 장점을 인정함으로써 더 큰 이익을 얻게 된다. 그것이야말로 그들을 넘어서는 길이다."

적을 미워하는 데 감정을 소모하면 판단이 흐려지고, 결국 스스로만 소모된다. 그러나 적의 강점을 인정하는 순간, 배울 것은 배우고 활용할 것은 활용하는 여유가 생긴다. 그 여유가 바로 결정적 우위를 만드는 힘이다.

적을 미워하지 않는 태도는 약함이 아니라 강함의 표시다. 미움에서 벗어날 때 비로소 우리는 더 넓은 시야로 삶을 바라볼 수 있다.

타인의 입장에서 생각한다

우리가 살아가며 겪는 많은 갈등은, 사실 아주 조금만 시선을 이동하면 줄어들 수 있다.

"자신을 다른 사람의 입장에 놓아 보면 상대를 향한 질투나 증오는 없어질 것이다."

누군가를 이해하려는 마음이 생기는 순간, 감정의 방향이 달라진다는 뜻이다. 우리는 종종 타인과 비교하며 스스로 흔들리게 만든다. 그러나 잠시 멈춰 서서 '저 사람은 어떤 마음이었을까?'를 떠올려 보면, 미움 대신 공감이, 경쟁 대신 여유가 자리를 잡는다.

괴테는 "다른 사람을 자기의 입장으로 보면 거만이나 독선도 줄어들 것이다"라고 했다. 우리가 옳다고 믿는 생각도, 다른 사람의 시선에서는 다르게 보일 수 있다. 따뜻한 마음으로 한 번 더 바라보는 것만으로도 태도는 한결 부드러워진다. 타인을 이해하는 일은 결국 나를 더 단단하게 만드는 과정이다.

현명한 선택

우리는 자주 사람들의 겉모습만 보고 판단하는 실수를 한다. 말투, 스타일, 표정 같은 것들이 그 사람의 전부인 것처럼 느껴질 때가 있다. 하지만 외모는 순간을 포장할 뿐, 사람의 깊이를 설명하지는 못한다.

"세상에는 양의 머리를 한 늑대가 어슬렁거리고 있다."

겉으로는 순해 보이지만 속으로는 다른 얼굴을 숨기고 있는 사람이 많다. 실제로는 책임도 능력도 부족한 사람일 수 있다. 문제는 우리가 그런 사람을 실제보다 더 뛰어난 인물로 착각할 때 생긴다. 겉모습에 속아 큰 역할을 맡기고, 중요한 일을 부탁하게 되는 것이다. 비극은 바로 그 순간 시작된다.

사람을 볼 때 외모보다는 그 사람의 말과 행동, 태도를 보아야 한다. 꾸밈없이 자신을 드러내는 사람은 시간이 지나도 같은 자리에서 신뢰를 쌓아간다. 겉모습의 화려함보다 내면의 힘이 더 오래 남는다.

큰 목소리에 겁먹지 않는다

"누군가가 우리에게 반론을 제기했을 때, 그 목소리의 강함에 압도되지 말라."

소리가 크다고 해서 논리에 맞는 것은 아니다. 감정이 앞섰다는 뜻일 뿐, 그 안에 담긴 내용까지 정확하지 않을 수 있다. 상대방의 목소리가 커질수록, 더 침착하게 내용을 분리해서 들을 필요가 있다. 그 말에서 사실과 느낌을 분리해서 들어보자. 그 사람의 태도에 주눅 들지 말고, 잠시 호흡을 가다듬고 핵심을 생각해 보자. 스스로의 판단을 지키는 것이 오히려 더 강한 사람이다.

중요한 것은 나 자신이다

"우리는 주변의 인물이나 물건에 영향을 받고 있다."

이것저것에 마음을 빼앗기다 보면, 어느 순간 정신이 마비되고, 우리가 지닌 가능성을 제대로 펼칠 수 없게 된다. 타인이 나를 어떻게 볼지 걱정하는 마음은, 내 마음의 에너지를 갉아먹는다는 뜻이다. 다른 사람의 시선을 신경 쓰는 사이, 정작 중요한 나 자신의 목표와 잠재력을 놓칠 수 있다.

지혜로운 사람일수록, 타인의 평가나 분위기에 흔들리지 않는다. 스스로에게 집중해야 비로소 자신만의 길을 만들 수 있다는 사실을 알기 때문이다. 남의 기준이 아닌 나만의 기준으로 살아갈 때, 우리는 누구보다 자유롭고 강해진다.

무리하게 사귀지 않는다

'진정한 친구란 무엇일까?'

어른이 될수록 이 질문을 자주 떠올리게 된다.

"진정한 벗은 아무리 오랫동안 사귀어도 사이가 틀어지는 법이 없다. 일시적으로 불화가 생기더라도 다시 마음이 통하게 된다. 하지만 서로 뜻이 맞지 않으면, 아무리 노력해도 결국 멀어지게 될 것이다."

진짜 인연은 억지로 붙잡지 않아도 계속 이어진다. 우리는 때때로 관계를 유지하기 위해 과하게 노력하며 스스로를 지치게 만든다.

하지만 맞지 않는 사람에게 억지로 맞추는 순간, 나의 에너지와 시간이 불필요하게 소모된다. 좋은 관계는 자연스럽게 흘러간다. 서로의 차이를 인정하고, 시간이 지나도 편안함이 남는 사람. 그런 사람이 진짜 '벗'이다. 붙잡으려고 해도 혼자만 노력하는 관계는 인연이 아니다. 나의 시간은, 나의 마음은, 더 소중한 사람들에게 쓰여야 한다.

관계에도 거리가 필요하다

누군가에게 관심을 갖는 건 자연스러운 일이다. 그러나 관계가 너무 가까워지면, 애정이 집착으로 바뀌거나 사소한 오해가 증오로 커질 때도 있다. 적절한 거리를 유지하는 것은 중요하다.

"다른 사람을 나에게 동조하도록 유도하는 것은 멍청한 짓이다."

상대를 내 기준에 맞추거나 내 편으로 끌어들이려는 시도는 관계를 어긋나게 한다. 건강한 관계는 누군가를 통제하거나 기대를 강요하지 않는다. 각자 독립적인 존재임을 인정할 때 비로소 안정된다.

지혜로운 사람은 타인과의 거리를 중요시한다. 거리를 둔다는 건 서로의 삶과 감정이 과하게 얽혀 상처를 만들지 않게 하겠다는 선택이다. 너무 가까워서 갑작스럽게 무너지는 관계보다는, 적당한 거리에서 오래 지속되는 관계가 더 현명하다.

존경받는 사람은 태도가 다르다

괴테는 젊은 시절부터 천재라는 평가를 받았지만, 그만큼 질투와 비난, 오해도 많이 받았다.

"존경은 강요할 수 없지만, 태도로 얻을 수 있다."

그는 깨달았다. 아무리 뛰어난 생각을 말해도, 사람들은 말이 아니라 태도를 본다는 것을. 권위를 앞세우면 사람들은 물러서지만, 존중을 보이면 마음을 연다. 상대를 낮추지 않는 말투, 공을 독차지하지 않는 자세, 실수 앞에서 책임지는 모습. 괴테가 말한 '태도'란 능력을 증명하려 애쓰지 않는 여유였다. 존경은 요구하는 순간 사라지지만, 그동안 쌓아 올린 태도 끝에는 남는다.

Part 4.

자기 신뢰

자신을 만들어 간다

"스스로를 특별한 존재로 만들자."

우리는 종종 타고난 능력이 모든 것을 결정한다고 생각하지만, 실제로는 그렇지 않다. 능력은 배움과 경험을 통해 충분히 자랄 수 있고, 자질 또한 스스로의 선택과 노력에 따라 모습을 바꾼다. 천성이 좋다고 해서 무조건 빛나는 것도 아니고, 약점을 안고 태어났다고 해도 그대로 머물라는 법은 없다.

"자질은 평소 꾸준히 갈고닦지 않으면 성장하지 않는다."

결국 재능이라는 말도 알고 보면 하늘에서 내려준 선물이 아니라, 매일 조금씩 쌓아 올린 작은 행동들의 결과다. 특별해지고 싶다면 태생을 탓하기보다 오늘 내가 무엇을 쌓아가고 있는지 돌아봐야 한다.

특별한 삶을 바란다면, 특별한 내가 되기 위한 노력을 먼저 시작해야 한다. 그 첫걸음은 거창할 필요도 없다. 단지 '오늘의 나'를 어제보다 조금 더 나아지게 하는 것, 그것이면 충분하다.

자신의 진리를 발견한다

많은 사람이 정답이 하나라고 믿으며, 남들이 옳다고 하는 길을 그대로 따라가야 한다고 생각한다. 그러나 괴테는 사람은 자신이 살아온 길 위에서만 진짜 진리를 발견할 수 있다고 말했다.

"사람은 각자 나름의 방식에 따라 생각하면 된다."

누구나 같은 것을 보고도 다르게 해석하는 이유는, 그만큼 사람마다 삶의 배경과 경험이 다르기 때문이다. 그렇기에 진리도 누군가가 만든 만인의 정답이 아니라, 스스로의 시선으로 찾아가는 개인의 것이다.

"현상을 관찰자와 분리하는 것은 불가능하다. 현상은 관찰자의 개성과 얽혀 있다."

사회의 잣대와 타인과의 비교 때문에 흔들리고 있다면, 지금까지 걸어온 길에서 배운 것들을 차근차근 정리해보자. 진리는 먼 곳에 있지 않다. 언제나 나라는 관찰자 안에 자라고 있다.

시점이 달라지면 세상도 달라진다

"평지에 있을 때, 산 정상에 있을 때, 얼어붙은 강 위에 있을 때 세상은 각각 다르게 보인다."

사람들이 같은 세상에 살더라도 전혀 다른 느낌을 받는 이유는 단순하다. 서 있는 자리, 겪어온 환경, 바라보는 방향이 모두 다르기 때문이다.

"특정한 입장에 있으면 다른 입장보다 더 잘 보이는 부분이 있다. 하지만 그 입장이 더 옳다는 뜻은 아니다."

우리는 누군가의 의견이 다르면 자연스럽게 누가 맞는지를 판단하려고 한다. 그러나 삶의 관점에서는 맞고 틀림보다 어디를 보고 있는지, 방향이 더 중요한 경우가 많다. 내가 지금 어떤 자리에서 세상을 바라보고 있는지를 알고 있을 때, 비로소 타인의 시점도 자연스럽게 이해할 수 있다. 그리고 때로는 한 걸음 옮겨, 전혀 다른 풍경을 바라볼 용기를 내야 할 때도 있다. 시점이 달라지는 순간, 나의 세상도 함께 달라질 것이다.

자신의 내부를 탐색한다

"당신은 당신의 내부를 탐색하라. 그러면 모든 것을 발견할 수 있을 것이다."

누군가의 조언, 유행하는 방법론, 남들이 옳다고 말하는 기준 속에서 자신을 확인하려 한다.

하지만 괴테는 해답은 외부가 아니라 내 안에서 시작된다고 말했다. 내가 무엇을 좋아하는지, 무엇을 두려워하는지, 왜 어떤 상황에서는 유독 흔들리는지 들여다보면 삶에서 반복되는 패턴들이 보이기 때문이다. 그 순간 우리는 더 이상 남의 기준에 끌려다니지 않는다.

현명한 사람들은 자기 외의 세계가 존재하지 않는다는 사실을 안다. 즉, 세상은 결국 내가 어떻게 해석하느냐에 따라 달라진다는 뜻이다. 스스로를 이해하는 만큼 삶은 단순해지고, 선택은 흔들리지 않는다. 모든 변화는 바깥이 아니라 내면을 탐색하는 작은 용기에서 시작된다.

무지를 자각한다

무지한 사람일수록 말이 많다. 확신이 없는데도 자신 있게 떠들고, 아는 척하는 말로 다른 사람들에게 스스로를 더 크게 보이려 한다.

"인간은 신비한 존재다. 자신이 어디서 와서 어디로 가는지도 모르고, 세상에 대해서도 제대로 알지 못한다. 심지어 자기 자신에 대해서도 알지 못한다."

이 말은 인간의 한계를 지적하는 동시에 겸손함이 얼마나 중요한지를 일깨운다. 그래서 모르는 것을 억지로 설명하려 하지 않는다. 오히려 괴테가 말한 것처럼 담담하게 인정한다.

"나 역시 나 자신을 모른다. 또 알고 싶지도 않다."

모른다는 사실을 인정하는 순간, 우리는 비로소 배움의 공간을 얻게 된다. 불완전함을 받아들일 때, 오히려 더 단단해진다. 아는 척보다 더 강한 태도는 모르는 것을 알고 모른다고 말할 수 있는 용기다.

자신을 지배한다

스스로를 지배하려면 자신을 관리하고 행동한 것에 책임을 져야 한다.

"사람은 자유를 어렵게 얻으면 가장 먼저 결점을 드러낸다. 강한 사람은 지나치게 행동하고, 약한 사람은 책임을 피한다."

우리는 자유를 얻으면 해방감을 느끼지만, 그 순간 욕심과 감정, 게으름이 쉽게 튀어나온다. 그래서 괴테는 경고한다.

"자신을 지배하지 못한 채 정신만 풀어놓으면 파괴와 추락이 뒤따를 뿐이다."

결국 자유의 진짜 문제는 그것을 다루는 태도다. 통제되지 않은 자유는 충동이 되고, 자신을 해치는 칼날이 된다. 그래서 현명한 사람은 감정과 욕망, 습관을 스스로 조율하며 자기 안의 혼란을 다스린다.

자만하지 않는다

정신적으로나 육체적으로 강한 사람은 대부분 겸손하다. 반대로 내면에 결함이 있는 사람은 오히려 자만심이 크다. 강한 사람은 굳이 자신을 과시할 필요가 없다. 스스로의 힘을 알고 있기 때문에, 남에게 보일 이유가 없다.

하지만 약한 사람일수록 작은 재능이나 장점을 크게 부풀려 보아야 한다. 자신을 지키기 위해 과장된 껍데기를 만들어 내는 것이다.

"실제 가치 이상으로 잘난 척하는 것, 실제 가치 이하로 자신을 낮추는 것 모두 큰 잘못이다."

과한 자만도 문제지만, 과한 자기 비하 역시 진실에서 멀어지게 한다. 현명한 사람은 스스로의 가치를 정확히 안다. 있는 그대로의 자신을 인정할 때 비로소 단단한 자신감이 생긴다. 그 자신감이 스스로를 더 깊고 단단하게 성장시킨다.

절도를 지킨다

"자유란 신기한 것이다. 만족을 알고 분수를 알기만 하면 누구라도 쉽게 손에 넣을 수 있다."

괴테의 이 말은, 자유는 '갖고 싶은 것'이 아니라 '다룰 줄 알아야 하는 것'임을 알려준다. 우리는 종종 더 많은 선택권, 더 넓은 가능성을 자유라고 믿는다.

하지만 준비되지 않은 자유는 기회가 아니라 혼란이 된다. 원하는 대로 풀어놓기만 하면 오히려 불안과 압박에 스스로 갇히게 된다. 진짜 자유는 스스로 감당할 수 있는 범위를 아는 데서 시작된다. 욕심이 아니라 현실을, 충동이 아니라 균형을 기반으로 한다. 분수를 아는 것은 자신을 억누르는 행동이 아니라 지금의 나에게 맞는 속도를 선택하는 지혜다.

현명한 사람은 절제를 통해 자유를 잃지 않는다. 분수를 알기에 불안하지 않고, 절도를 지키기에 더 멀리 나아간다.

명성에 빠지지 않는다

사람이라면 지위와 명성을 얻고 싶다는 마음은 자연스럽다. 괴테도 그 사실을 인정했다.

"명성은 하찮은 것이 아니다. 나폴레옹도 명성을 위해 세계의 거의 절반을 점령하지 않았는가?"

괴테 역시 지위와 명성을 얻은 사람이었다. 하지만 그는 이렇게 고백한다.

"내가 지위와 명성으로 한 일이라곤 누군가에게 상처 주지 않으려 조심한 것, 그리고 타인의 의견에 불필요하게 침묵을 지킨 것뿐이었다."

명성은 오래 머물지 않는다. 빛나는 것 같지만 금세 사라지는 안개와 같다. 그래서 현명한 사람은 명성 그 자체에 빠지지 않는다. 타인의 시선보다 내가 어떤 사람이 되는지에 더 집중한다. 그때 얻는 명성은 오래가고, 잃어버려도 흔들리지 않는 힘이 된다.

정신을 갈고닦는다

괴테는 한 지인을 두고 이렇게 말했다.

"예의와 태도가 바르면, 한눈에 귀족임을 알 수 있다. 고귀한 정신은 결국 겉으로 스며 나오기 마련이다."

사람을 빛나게 하는 건 배경이 아니라 태도와 정신이다. 태어난 가문이 어떻든, 정신은 스스로 갈고닦을 수 있다. 그리고 그 힘은 시간이 지날수록 더 선명해진다. 괴테는 33세에 귀족 작위를 받았지만, 그 순간을 이렇게 표현했다.

"마치 오래전부터 내게 있어 왔던 것처럼 자연스러웠다."

그가 이미 '정신적 귀족'이었기 때문이다. 스스로를 단단하게 만든 사람이 언젠가 겉으로도 그 품격을 드러내는 법이다. 그래서 현명한 사람은 타이틀보다 내면을 먼저 다스린다.

점진적으로 개선을 추구한다

정의를 앞세우는 사람 중에는 의외로 다루기 힘든 사람이 많다. 옳음을 무기처럼 휘두르기 시작하면, 결국 누군가를 상처 입히기 마련이다.

"진정한 자유주의자는 가능한 범위에서 바람직한 것을 실천하려 한다. 필요악을 억지로 밀어붙여 없애려 하지 않는다. 현명한 진보란, 사회의 결함을 조금씩 제거해 나가는 것이다."

완벽을 고집하는 순간 변화는 멈춘다. 절대선은 멋져 보이지만, 현실에서는 오히려 갈등과 폭력을 낳는 그림자 같은 존재가 되기도 한다. 그래서 현명한 사람은 불완전한 현실을 받아들인다.

"지금은 완벽하지 않아도, 더 나아질 수 있다."

때와 상황이 무르익을 때까지 지금 가능한 선을 실천하는 사람, 그 사람이 결국 세상을 움직인다.

폐해의 양을 줄인다

"법률은 억지로 행복을 늘리려 하기보다, 사람들에게 닥치는 폐해를 줄이는 데 힘써야 한다."

"최선의 정치는 무엇인가? 우리에게 우리 자신을 스스로 다스리는 법을 가르치는 장치다."

현명한 사람은 국가에 지나치게 많은 것을 기대하지 않는다. 나라가 모든 문제를 해결해주기를 바라며 기다리는 대신, 스스로 해결할 수 있는 능력을 키우는 것이 더 중요하다는 사실을 알고 있기 때문이다.

국가의 역할은 완벽한 세상을 만들어주는 것이 아니다. 사람들이 불필요한 고통을 덜 겪도록 제도와 장치를 마련해주는 것, 그것만으로도 큰 가치가 있다.

행복은 결국 개인의 판단과 선택에서 비롯된다. 그래서 현명한 사람은 스스로의 삶을 다스릴 수 있는 힘을 기르려 한다.

나날의 요구에 따른다

인생은 거창한 계획보다, 매일매일의 작은 요구를 어떻게 다루느냐에 달려 있다.

"우리가 해야 할 의무는 무엇인가? 그날그날의 요구다."

"그날그날의 가치보다 더 높은 가치는 없다."

오늘 주어진 일들을 미루지 않고 처리할 때, 우리는 삶의 리듬을 잡을 수 있다. 사소해 보이는 하루의 일들도 모이면 큰 변화를 만든다. 그날그날 충실히 대응하는 사람은 자연스럽게 자기 자신을 믿게 된다. 완수의 기쁨은 먼 미래가 아니라, 바로 지금 여기에서 느낄 수 있다.

오늘의 작은 성공이 쌓여 내일의 자신감을 만든다. 삶은 결국 오늘의 선택이 모여 이루어지는 연속이다. 오늘 해야 할 일 하나를 끝내는 순간, 마음은 한층 가벼워지고, 하루를 살아가는 힘과 기쁨이 생긴다. 그렇기에 우리는 큰 성취를 바라기보다, 오늘의 요구에 충실해야 한다.

작은 오늘이 쌓여 큰 인생을 만든다. 오늘을 온전히 살아가는 사람이야말로 내일을 단단히 준비하는 사람이다.

소유의 의미를 깨닫는다

괴테는 역사가이자 정치가인 하인리히 레오의 견해에 공감했다.

"젊은 시절에는 아무것도 가진 것이 없기에, 소유의 편안함과 그 가치를 제대로 알지 못한다. 그래서 이성과 사상에 몰두하며 민주주의적 성향을 갖는다. 하지만 나이가 들어 재산이 쌓이면, 자연스럽게 그것을 지키고 싶고, 자손에게 물려주고 싶은 마음이 생긴다. 결국 젊은 시절 어떤 사상에 몰두하더라도, 나이를 먹으면 대부분 귀족주의적 성향을 갖게 된다."

이 말은 단순히 정치적 성향의 변화를 설명하는 것은 아니다. 소유를 통해 우리는 책임과 보호의 의미를 배우고, 삶의 가치와 우선순위를 깨닫게 된다.

청춘에는 자유와 이상을 꿈꾸지만, 나이가 들수록 안정과 지속 가능성을 중요하게 여기는 이유도 바로 여기에 있다. 소유는 단순히 가진 것의 많고 적음을 뜻하지 않는다. 소유를 통해 삶을 지키고, 미래를 준비하며, 무엇을 진정으로 소중히 여길지를 배우는 과정이다.

자유의 의미를 이해한다

"우리는 충족돼야 하는 일정한 제약 조건 속에서만 자유로울 수 있다."

세상에 완전한 자유란 존재하지 않는다. 시민에게는 시민으로서 누릴 수 있는 자유가 있고, 귀족에게는 귀족으로서 누릴 수 있는 자유가 있다. 자유란 무제한의 방종이 아니라, 자신의 위치와 조건을 이해한 가운데 누리는 것임을 깨닫는 순간 비로소 의미를 가진다.

자신의 힘을 알고, 절도와 분별력을 갖춘 사람만이 진정한 자유를 누릴 수 있다. 이때의 자유는 단순한 권리가 아니라, 책임과 선택을 동반하는 힘이 된다. 절제 속에서 누리는 자유야말로 삶을 성공으로 이끄는 기반이 된다.

행동을 중시한다

사람은 어떻게 자기 자신을 제대로 알 수 있을까?

"생각만으로는 아무 소용이 없다. 자신이 어떤 사람인지는 행동으로 드러난다. 스스로의 의무를 다하라. 그러면 비로소 자신이 어떤 사람인지 알게 될 것이다."

현명한 사람은 말과 이념보다 행동을 보고 사람을 판단한다.

"한 사람의 생활 자체가 그 사람의 성격이다."

말로는 누구나 이상을 말할 수 있지만 실제 삶에서 어떻게 행동하는지, 그 모습을 보면 그 사람의 진정한 모습을 알 수 있다. 따라서 자신의 생각과 의지를 확인하고 싶다면, 사소한 일이라도 책임을 다하며 행동으로 옮기는 것이 가장 확실한 방법이다. 행동은 곧 삶의 증거이며, 자신과 타인을 이해하는 가장 명확한 기준이다.

주변에서 벗어나 본다

대부분의 젊은 시인들은 객관적인 현실에서 소재를 찾지 못한다.

"그들은 자신의 주관에 맞는 소재만 찾으려 한다. 하지만 그것이 바로 그들의 한계다. 시의 소재를 찾기 위해 주관에서 벗어나 보려는 생각은 결코 하지 않는다."

현명한 사람은 자신이 얼마나 좁은 세계 속에 갇혀 있는지, 얼마나 제한된 시선으로 세상을 바라보는지 잘 안다. 그래서 그는 의식적으로 주변을 관찰하고, 자신과 다른 생각과 경험을 받아들이려 노력한다.

세상을 넓게 보고 다양한 관점을 이해할 때, 비로소 새로운 통찰과 깊이가 생긴다. 자기 안에 갇히지 않고 주변을 바라보는 습관은 사고의 폭을 넓히고, 삶의 풍요를 동시에 키워준다.

완전을 요구하지 않는다

"건강하게 살며 자신의 직업에 몰두할 수 있는 자유만 확보된다면 그것으로 충분하다."

완전한 자유를 끊임없이 요구하는 사람은 결국 불행하다. 현명한 사람은 목적을 실현하는 데 필요한 최소한의 자유만을 확보하고, 나머지는 있는 그대로 받아들인다.

완전함을 추구하기보다, 현실 속에서 주어진 조건 안에서 최선을 다할 때 비로소 삶은 안정과 만족을 얻는다. 작은 자유와 현실의 조건을 인정하는 것, 그것이 진정한 성취와 행복으로 가는 길이다.

더 나은 사람이 되라

자신의 수준을 끊임없이 높이는 것이 중요하다.

"나는 작가라는 역할을 수행하면서도, 대중이 무엇을 원할지, 그것이 어떤 도움이 될지를 고민한 적이 없다. 내가 추구한 것은 오직 내 자신을 더 현명하게 개선하는 일이었다. 내 인격을 고양시키고, 내가 옳다고 믿는 것을 표현하는 것이 나의 목표였다."

현명한 사람은 외부의 평가나 기대보다, 자신을 발전시키는 일에 집중한다. 자신을 개선하려는 노력은 결국 삶의 깊이를 더하고, 내면의 성장을 가능하게 한다. 자기 자신을 조금씩 더 나은 사람으로 만드는 일, 그것이 진정한 성취의 시작이다.

거장을 만난다

성장하고 싶다면, 가장 빠른 길은 그 분야의 거장과 만나는 것이다. 수준 높은 사람의 작품을 접할수록, 자연스럽게 보는 눈이 달라진다. 어떤 것이 좋은 것인지 제대로 판단할 수 있게 되고, 그 경험 덕분에 다른 분야의 뛰어난 사람도 금방 알아보게 된다.

"취미는 중간 수준이 아니라, 가장 우수한 것을 접할 때 비로소 만들어진다."

반대로 평범하거나 삼류에 머물러 있다면, 우리의 감각도 금세 그 수준에 갇혀버린다. 사람은 어떤 환경에서 어떤 사람을 만나느냐에 따라 성장의 속도와 깊이가 달라진다.

진짜 발전과 탁월함은 수준 높은 만남에서 시작된다. 좋은 사람, 좋은 작품, 좋은 경험을 가까이할수록 우리 역시 자연스겁게 그 수준으로 올라갈 것이다.

Part 5.

지혜

가치를 인정한다

누구나 뛰어난 것에는 당연히 경의를 표할 줄 아아야 한다. 일류를 일류로 인정하는 태도는, 성숙한 사고의 출발점이다. 독일의 사학자 바르톨트 니부어는 **"야만의 시대가 온다"**라고 말했다. 괴테는 이 말에 깊이 공감하며 이렇게 덧붙였다.

"그런 시대는 이미 와 있다. 야만이란, 뛰어난 것을 인정하지 않는 마음이다. 자신보다 뛰어난 것을 인정하지 않는다고 해서 자유로워지는 것이 아니다. 오히려 자신보다 뛰어난 것에 경의를 표할 때, 우리는 비로소 진정한 자유를 얻는다."

탁월함을 올바르게 평가하고, 그 가치를 존중하는 습관은 지혜와 성숙을 키우는 가장 중요한 길이다.

예술과 가까이 산다

지식이 많다고 사람이 깊어지는 것은 아니다. 감성이 함께 자라야 비로소 삶의 중심이 단단해진다.

"앞으로는 예술이나 수공예에 관심을 두지 않으면 불행해질 것이다"라고 괴테는 말했다.

혼란스러운 시대일수록, 지식만으로는 충분하지 않다는 뜻이다. 주위를 살피지 못한 채 앞만 보고 달리다 보면 어느 순간, 자기 자신을 잃게 된다. 예술을 가까이한다는 것은 취미를 늘리는 일이 아니다.

흔들리는 일상에서 내면의 중심을 붙잡는 선택이다. 바쁠수록 더 필요하다. 정보만 채우는 삶이 아니라, 감성까지 함께 돌보는 삶. 그럴 때 우리는 쉽게 무너지지 않는다.

앞서 간 사람에게 배운다

개성은 중요한 가치다. 하지만 '완전히 새로운 나'라는 생각에 집착할 필요는 없다. 사실, 완벽한 독창성은 환상에 가깝다.

"우리는 각자 자질을 타고나지만, 성장은 광활한 세계로부터 받은 수많은 영향 덕분에 이루어진다."

"이것만은 전적으로 내 것이라고 말할 수 있는 것은 생각보다 극히 적다."

문제는 이 사실을 받아들이지 못할 때 생긴다. 남과 다르지 않으면 실패한 것 같고, 새롭지 않으면 의미가 없다고 느끼며 인생의 많은 시간을 방황하게 된다.

그래서 우리는 먼저 배워야 한다. 이미 앞서 걸어간 사람들로부터, 이미 검증된 생각과 태도로부터 모방은 패배가 아니다. 방향을 잡는 가장 빠른 방법이다. 그 위에 쌓인 것이, 결국 나만의 개성이 된다.

장점을 계승한다

"거장은 언제나 앞선 이들의 장점을 본받는다. 그 태도가 거장을 더욱 위대하게 만든다."

위대한 예술가 라파엘로 역시 예외가 아니었다. 그는 고대와 그 이전에 만들어진 수많은 걸작을 토대로 자신의 재능을 키워 나갔다. 완전히 새로 시작하려 하지 않았고, 이미 검증된 것 위에 자신만의 색을 더했다.

현명한 사람도 마찬가지다. 과거를 그대로 따라 하지는 않지만, 그 안에서 배울 점을 정확히 골라낸다. 그리고 그 장점을 자신의 삶에 맞게 계승한다.

성장은 아무것도 없는 데서 나오지 않는다. 잘된 것을 알아보고, 그 이유를 이해하고, 자기 것으로 만드는 과정에서 이루어진다.

바깥 공기와 접한다

거리로 나가자. 집에 틀어박힌 채 생각만 거듭하다 보면 마음은 점점 메말라간다.

"내적 생활은 외적인 삶에 의해서만 자극을 받는다. 차갑고 고립된 사색만으로는 삶의 중심이 살아나지 않는다."

생각이 막힐수록, 더 깊이 파고들기보다 밖으로 나가야 한다. 걷고, 보고, 듣고, 사람 속으로 들어가야 한다. 움직임이 멈춘 생각을 다시 흐르게 만든다.

여행도 좋은 방법이다. 괴테의 말처럼, 여행은 때로 고민을 잠시 잊게 하고 때로는 우리를 다시 우리 자신에게 데려다준다.

변화는 책상 위에서만 오지 않는다. 바깥 공기를 들이마시는 순간, 삶은 다시 움직이기 시작한다.

돈을 쓴다

돈을 쓸 때도 기준이 필요하다. 가능하다면, 인류가 쌓아온 것에 쓰자. 일류 연극, 일류 영화, 일류 음악, 그리고 제대로 만든 음식까지. 이런 것들을 경험하는 일은 단순한 소비가 아니라 삶의 감각을 키우는 투자다.

문화는 만드는 사람만으로 완성되지 않는다. 그 가치를 알아보고 받아들이는 사람이 있을 때 비로소 살아 있는 문화가 된다.

괴테는 이렇게 말했다. **"독일에는 70개가 넘는 극장이 있다. 이것이 국민의 교양을 높이고 있다는 사실을 부인할 수 없다."**

궁정극장을 맡았던 괴테는 희극 〈타소〉를 비롯해 여러 작품을 남겼다. 그 작품들이 의미를 가질 수 있었던 이유는, 극장 앞에 길게 늘어선 관객들이 있었기 때문이다. 기다려서라도 좋은 것을 보려는 사람들이 한 나라의 문화를 키웠다. 무엇에 돈을 쓰느냐는 곧 무엇을 삶에 들이느냐의 문제다. 값싼 즐거움이 아니라 시간이 지나도 남는 것에 쓰는 선택, 그 선택이 사람을 다르게 만든다.

진품을 알아본다

겉으로 드러난 완성도만 보고 작품의 가치를 판단하기는 쉽다. 그러나 진짜 차이는 그 안에 있다. 괴테는 예술작품의 배후에 흐르는 힘을 '혈통'이라 불렀다. 겉모습이 아니라, 작품 구석구석에 스며든 근본적인 결이다.

"예술가가 일정한 수준에 도달하면, 그의 작품은 서로 비교 대상이 되지 않는다. 진품을 알아보는 눈이 있다면 거장의 재능이 모든 작품에 미치고 있음을 알게 된다."

진짜를 알아보는 사람은 한두 개의 결과에 흔들리지 않는다. 일관된 방향, 반복되는 깊이, 시간이 지나도 변하지 않는 기준을 본다. 무엇을 소비할지, 누구의 말을 믿을지, 어떤 길을 따라갈지 결정할 때도 마찬가지다. 겉으로 번쩍이는 것보다 그 뒤에 있는 결을 보는 눈, 그 눈이 삶의 수준을 끌어올린다.

역사를 짊어진다

일류 작품은 일류 인간에게서 나온다. 그리고 여기서 말하는 '일류'란 특별한 재능을 뜻하지 않는다. 자신이 서 있는 시간의 흐름을 외면하지 않는 태도다.

"단테는 위대한 인물이다. 그러나 그는 수백 년의 문화를 짊어지고 있다."

단테의 작품은 그 개인만의 재능으로 만들어진 것이 아니다. 그 이전에 쌓인 사상과 언어, 전통 위에서 비로소 가능했다. 괴테 역시 마찬가지였다. 그는 유럽의 역사와 사유를 등에 지고 자신의 작품을 써 내려갔다. 위대한 작품은 하루아침에 태어나지 않는다. 시간을 존중하고, 이전의 성취를 받아들이며, 그 위에 자신의 몫을 더할 때 만들어진다. 성장은 단절이 아니라 계승이다.

과거를 짊어진 사람만이 미래를 만들어낼 수 있다.

작품의 배후를 본다

최고의 작품은 우연히 만들어지지 않는다. 그 뒤에는 반드시 시대와 민족이라는 토양이 있다. 괴테는 작가 개인보다 작품을 탄생시킨 배경에 주목했다. 한 사람의 천재가 단숨에 성장하려면, 그가 속한 사회에 정신과 교양이 충분히 퍼져 있어야 한다고 보았다.

대표적인 사례가 고대 그리스의 작품이다. 여전히 우리는 놀라고 감탄하고 있다. 하지만 정말 경이로운 것은 몇몇 작가의 재능만이 아니다. 그 작품들을 가능하게 한 시대 전체의 수준, 그리고 그것을 받아들일 준비가 되어 있던 사람들이다.

진짜를 보는 눈은 항상 배후를 향한다. 눈앞의 결과만이 아니라, 그 결과를 만들어낸 환경과 흐름까지 함께 본다. 그 시선이 사람을 한 단계 더 깊게 만든다.

건강한 것을 선택한다

괴테의 가치 기준은 분명했다. 그가 높이 평가한 것은 힘이 있고, 살아 움직이는 것이었다.

"나는 건전한 것을 클래식이라 부르고, 병적인 것을 로맨틱이라 부르고 싶다." 이어서 괴테는 이렇게 덧붙였다.

"근대의 작품들이 대체로 로맨틱한 것은 새롭기 때문이 아니라, 유약하고 병적인 성향을 띠고 있기 때문이다. 반대로 고대의 것들이 클래식한 이유는 낡아서가 아니라, 힘 있고 신선하며 밝고 건강하기 때문이다."

괴테가 말한 '건강함'은 단순히 몸의 상태를 뜻하지 않는다. 삶을 대하는 태도, 현실을 견디고 앞으로 나아가는 힘이다. 그는 자신이 살던 시대의 지나친 감상과 허약함을 안타까워했고, 그 대안으로 고대 그리스의 인간상을 떠올렸다. 균형 잡힌 정신과 강인한 생명력, 괴테가 끝까지 지키려 한 기준이었다.

우리의 선택도 마찬가지다. 무엇이 더 자극적인가가 아니라, 무엇이 나를 더 건강하게 만드는가. 그 기준으로 고를 때 삶의 방향은 분명해진다.

좋은 취미를 갖는다

취미는 생각보다 큰 영향을 미친다. 무심코 즐기는 것들이 조금씩 삶의 방향을 만든다. 괴테는 취미에도 기준이 필요하다고 보았다.

"거실을 너무 이국적이거나 고풍스러운 분위기로 꾸미는 것은 바람직하지 않다. 그것은 가장무도회를 영원히 계속하는 것과 같다."

겉으로는 화려해 보일지 몰라도, 지나친 장식과 흉내는 삶을 현실에서 멀어지게 만든다. 취미가 쉼이 아니라 연출이 되어버리는 순간, 사람은 자기 자신으로부터 멀어진다.

좋은 취미란 나를 더 또렷하게 만드는 것이다. 현실을 피하게 하는 것이 아니라, 현실을 더 잘 살아낼 힘을 주는 것. 그런 취미는 삶을 소모하지 않고, 조용히 단단하게 만든다.

음악을 듣는다

괴테는 음악을 예술 가운데 가장 고귀한 형태로 보았다. "예술 작품의 품위는 음악에서 가장 잘 드러난다."

괴테는 "음악에는 버릴 것이 하나도 없다. 음악은 형식과 내용만으로 이루어져 있으며, 그것이 표현하는 모든 것의 품격을 끌어올린다"라고 말했다.

음악은 설명하지 않는다. 설득하지도 않는다. 그저 흐르며, 듣는 사람의 감각을 조율한다. 그래서 현명한 사람은 음악을 가까이한다. 마음을 가라앉히고, 생각을 정리하고, 삶의 리듬을 다시 맞추기 위해서다.

좋은 음악을 듣는 시간은 잠시 멈추는 시간이 아니라, 삶의 감도를 높이는 시간이다.

위대한 시대에 주목한다

"인간에게는 밝은 빛이 필요하다."

괴테가 말한 빛은 희망이나 낙관 같은 추상적인 감정이 아니다. 사람을 끌어올리는 기준이 분명한 시대, 우수한 인간이 완전한 교양에 도달했던 순간이다.

그래서 괴테는 위대한 개인보다 위대한 시대에 주목했다. 그 대표적인 예로 셰익스피어가 활동하던 시기의 영국을 들었다.

괴테에게 위대한 시대란 재능이 홀로 빛난 시간이 아니라, 그 재능을 알아보고 키워준 환경이 함께 존재했던 때다. 그가 고대 그리스를 반복해서 언급한 이유도 여기에 있다. 시대는 사람을 만든다.

하지만 사람 또한 어떤 시대를 바라보고 살아갈지 선택할 수 있다. 밝은 빛이 있었던 시간을 주목하는 일은, 지금의 삶에 기준을 세우는 가장 확실한 방법이다.

오래된 것에 주목한다

괴테는 고전을 소중히 여겼다. 하지만 오래됐다는 이유만으로 박수를 보내지는 않았다. 그는 과거로 돌아가자는 사람이 아니라, 지금까지 살아남은 것을 묻는 사람이었다. **"경직되고, 시대착오적이며, 휴지처럼 쓸모없는 규범이 도대체 무슨 도움이 되겠는가."**

그에게 중요한 기준은, 지금 읽어도 여전히 잘 읽히는지, 지금 보아도 여전히 자신에게 울림을 주는지였다. 그래서 괴테에게 고전은 박물관에 놓인 유물이 아니었다. 시간을 견뎌낸 완성도였고, 세월을 통과해 지금까지 살아남은 문장이었다.

오래됐다는 이유만으로 존중될 필요는 없다. 마찬가지로 새롭다는 이유만으로 곧바로 가치가 생기는 것도 아니다. 시간은 변하지만, 기준은 변하지 않는다. 지금 읽어도 생각이 깊어지는가. 지금의 나를 조금이라도 앞으로 밀어주는가. 괴테는 고전을 그렇게 바라보았다.

지금도 살아 있는 것만이, 고전이 된다.

상상력을 갖는다

"상상력을 가지라"고 괴테가 말했다. 하지만 그는 꿈만 꾸라고는 하지 않았다. 현실을 벗어난 환상을 권한 것도 아니다. 괴테는 분명히 선을 그었다.

"실제로 존재하지 않는 것을 공상하는 것은 상상력이 아니다. 상상력은 현실에서 괴리된 것이 아니라 현실에 비춰서 예상하고 추측하는 것이다."

그에게 상상력이란 현실을 외면하는 능력이 아니라, 현실을 더 깊이 읽어 내는 힘이었다. 꿈과 환상에만 집착하는 사람은 종종 현실의 가치를 가볍게 여긴다. 괴테는 그런 태도를 경계했다. 그는 발이 땅에 닿아 있지 않은 생각, 현실과 접점이 없는 가능성에는 좀처럼 점수를 주지 않았다. 상상력은 도피가 아니다. 현실을 똑바로 본 사람만이 가질 수 있는 다음 수다.

괴테에게 상상력이란 지금 여기에서 출발해 앞으로를 내다보는 가장 현실적인 능력이었다.

제대로 분류한다

이해한다는 건 정보를 많이 아는 게 아니다. 머릿속에 '제대로 된 서랍'을 만들어 주는 일이다.

나폴레옹은 전투를 앞두고 항상 엄청난 양의 서류를 챙겼다. 괴테는 그가 만든 서류 목록에 주목했다. 정치 항목에는 《구약성서》, 《신약성서》, 《코란》 같은 책들이 포함돼 있었다.

이 하나만으로도 알 수 있다. 나폴레옹에게 종교는 신앙이 아니라, 정치를 이해하기 위한 도구였다는 사실을. 그는 종교를 '믿음' 서랍에 넣지 않고, '정치' 서랍에 정확히 배치했다. 덕분에 판단이 흔들리지 않았다.

현명한 사람은 다르다. 정보를 그냥 쌓아두지 않는다. 자기만의 서랍을 만들고, 그 안에 깔끔하게 정리한다. 같은 지식을 접해도 누군가는 혼란에 빠지고, 누군가는 방향을 얻는다. 차이는 단 하나다. '어디에 넣어두느냐'이다.

모든 것을 순수하게 본다

"나이가 몇 살이든 순수하게 보는 것. 순수하게 느끼는 것이 중요하다. 그리고 이차적인 목적을 갖지 않고, 생각한 대로 충실하게 표현하는 것이 중요하다."

괴테에게 순수함은 미숙함이 아니었다. 나이를 먹지 못한 상태가 아니라, 경험을 쌓고도 흐려지지 않는 눈이었다.

괴테는 평생 자연과학자로 활동했다. 인체해부학, 식물학, 지질학, 광학까지. 연구 분야는 넓었지만, 그가 끝까지 신뢰한 것은 따로 있었다. 바로 자신의 눈이었다.

이론보다 먼저 보고, 유행보다 먼저 느끼고, 평가보다 먼저 관찰하는 태도. 계산하지 않고 보는 것, 포장하지 않고 느끼는 것, 눈치 보지 않고 말하는 것.

괴테가 말한 순수함이란 아무것도 모르는 상태가 아니라, 아무것에도 가려지지 않는 상태였다.

추상적으로 생각하지 않는다

괴테는 실천을 중시했고, 머릿속에서만 맴도는 사고를 경계했다. 생각이 깊어질수록, 오히려 글은 흐려질 수 있다고 보았기 때문이다.

"독일인은 철학적 사고 때문에 추상적이고 뚜렷한 결론이 없는 생각들을 종종 글에 썼다. 생각이 많다고 해서 글이 좋아지는 것은 아니다. 철학에 지나치게 빠지면 문장은 무거워지고, 중심은 흐려진다."

그와 반대로 실무자나 도락가들처럼 실제적인 것에 관계하는 사람들의 글은 훌륭하다. 실러의 글도 그가 철학을 하지 않았을 때는 극히 화려하다고 괴테는 말했다. 현실과 맞닿아 있는 사람의 글은 다르다. 손에 잡히는 경험이 문장을 밀어준다. 그래서 글에 힘이 생긴다.

생각은 깊게 하되, 글은 현실에서 써야 한다. 괴테가 경계한 것은 철학이 아니라, 행동 없는 사유였다.

시대를 읽는다

"시대란 신기하다. 폭군처럼 제멋대로 행동한다. 시대가 바뀌면 같은 말과 행동에도 전혀 다른 표정으로 대한다."

말은 같아도, 시대가 달라지면 의미는 바뀐다. 어제는 용기였던 말이 오늘은 무모함이 되기도 한다.

그래서 현명한 사람은 자기 생각만 고집하지 않는다. 항상 시대를 함께 읽는다. 아무리 옳은 말이라도 때를 놓치면 힘을 잃는다. 시대를 잘못 읽으면, 말은 공허해진다. 말의 가치는 진실이 아니라, 언제 꺼냈느냐에 달려 있다. 괴테가 말한 통찰은 분명하다.

시대를 이해하는 사람은 자신의 말을 살아 있게 만든다.

부채는 이어받지 않는다

옛사람들이 남긴 것은 무조건 이어받아야 할 유산이 아니다. 물려받을 가치와, 여기서 멈춰야 할 짐은 다르다.

"우리는 선조가 저지른 죄를 고민하는 것도 부족해, 선조로부터 이어받은 결함을 자기 손으로 더 확대해 자손에게 전달하고 있다."

과거를 성찰하지 않으면 그 결함은 전통이라는 이름으로 반복된다. 괴테는 여기에 경고를 덧붙인다.

"과거에 의존하며 사는 삶은 멸망한다."

과거는 자산이 될 수도 있고, 부채가 될 수도 있다. 그 차이는 하나다. 무엇을 남길지 스스로 선택했는가. 현명한 사람은 전부를 물려주지 않는다. 후세에 전해야 할 진짜 가치만을 골라 남긴다. 전통을 잇는다는 것은 그대로 넘겨주는 일이 아니라, 더 나은 형태로 정리해 건네는 일이다.

수학을 악용하지 않는다

수학은 목적이 아니라, 어디까지나 도구다. 그런데도 종종 내용을 설득하기보다 권위를 덧칠하기 위해 수학을 끌어오는 경우가 있다. 복잡할수록 깊어 보인다는 착각 때문이다. 괴테는 이미 이 점을 정확히 짚었다.

"수학은 적절히 이용할 때 가장 고급스럽고 유익하다. 그러나 아무 관계 없는 곳에, 곧바로 무의미함이 드러날 곳에 사용하는 것은 어이없을 따름이다."

도구는 쓰임새가 분명할 때 빛난다. 설명이 필요한 자리에 놓이지 않으면, 정교함은 곧 허세가 된다. 이해를 돕지 못하는 수식은 지식을 가장한 장식일 뿐이다. 괴테가 경계한 것은 수학이 아니다. 생각을 대신해 주는 것처럼 보이게 만드는 겉치레의 지성이었다.

이념을 피한다

이해하기 쉬운 것은, 좋은 것이다. 설명이 명확하다는 것은 생각이 얕다는 뜻이 아니다. 복잡하고 기괴한 철학을 끌어와 논거로 삼는 습관은 오히려 생각을 흐린다. 어려울수록 깊어 보인다는 착각 때문이다.

괴테는 분명하게 말했다. **"우리는 관찰과 성찰에 의해 직접 학설을 만들어야 한다. 중요한 것은 일하는 것이지 이론을 주물럭대는 것이 아니다."**

핵심은 분명하다. 생각은 현장에서 태어나야 한다. 손을 움직이지 않는 이론은 쉽게 공허해진다. 어렵게 말할 수 있는 사람은 많다. 쉽게 말할 수 있는 사람은 드물다. 이해하기 쉽다는 것은 배려이자 책임이다. 그리고 대부분의 경우, 그것이 더 높은 수준의 생각이다.

경탄을 잊지 않는다

괴테는 **"경탄을 인간이 도달할 수 있는 최고의 것"**이라고 했다. 근본적인 현상을 접하고 놀랐다면 그 자체로 만족할 일이다.

하지만 우리는 좀처럼 거기서 멈추지 못한다. 놀라움만으로는 부족하다고 느낀다. 분명 그 뒤에 더 깊은 무언가가 있을 거라 생각한다. 그래서 설명을 덧붙이고, 이유를 파고들고, 끝내 의미를 붙잡으려 한다. 괴테는 이런 태도를 아주 익숙한 장면에 빗댄다.

거울을 본 아이가 "뒤편에는 뭐가 있을까?" 하며 거울을 뒤집어 보는 것처럼 경탄은 결핍이 아니다. 미완성도 아니다. 그 자체로 도달점이다.

모든 놀라움이 분해되어야 할 것은 아니다. 어떤 감동은 그대로 두었을 때 가장 선명하다. 설명하지 않아도 이해되는 순간이 있다. 괴테는 그 지점에서 사유를 멈출 줄 아는 용기를 말했다.

진리를 추구한다

"진리를 발견하기보다 잘못된 것을 찾아내는 편이 쉽다."

우리는 보통 틀린 것을 먼저 본다. 잘못은 눈에 잘 띄고, 그래서 판단도 빠르다. 괴테는 이유를 이렇게 설명한다.

"잘못은 표면에 있기 때문에 결론을 내리기 쉽다. 반면 진리는 깊은 곳에 있어서 아무나 쉽게 찾아낼 수 없다."

틀렸다고 말하는 것에는 용기가 필요 없다. 하지만 옳다고 말하려면 기다림과 인내가 필요하다. 비판은 즉각적이다. 이해는 느리다. 그래서 진리는 늘 뒤늦게 도착한다.

괴테가 말한 통찰은 분명하다. 쉽게 판단할수록, 진리에서는 멀어질 수 있다.

과시하지 않는다

괴테는 철학이나 난해한 개념을 끌어와 자랑처럼 늘어놓는 태도를 경계했다. 생각을 깊게 하기보다, 깊어 보이려는 태도 말이다.

"철학이나 가설 등 거창한 도구를 아무데서나 끄집어내기 때문에 문제가 생긴다."

도구는 필요할 때 쓰여야 한다. 상황에 맞지 않으면, 지성은 곧 장식이 된다. 괴테는 철학의 본질을 이렇게 정리했다.

"철학이란 상식을 이해하기 쉬운 말로 표현한 것에 불과하다."

핵심은 분명하다. 철학은 현실에서 멀어질수록 힘을 잃는다. 현명한 사람은 철학을 앞세우지 않는다. 필요할 때만 꺼내고, 일상을 설명하는 데 사용한다. 괴테가 말한 지성은 복잡함이 아니라, 분명함이다.

자연을 얕보지 않는다

괴테는 조류학자들을 향해 다소 냉소적인 시선을 보냈다. 자연을 이해하기보다, 이름을 붙이기에 급급한 태도 때문이었다.

"그들은 특수한 새를 발견하면 약삭빠르게 (어떤 종인지) 분류해대며 뽐내곤 한다. 하지만 자연은 자유롭게 활동을 지속하고 있고, 인간이 만들어 낸 궁핍한 분류 따위에는 신경을 쓰지 않는다."

분류는 이해를 돕는 도구일 뿐이다. 그 자체가 자연을 설명해주지는 않는다. 자연은 인간의 표에 맞춰 움직이지 않는다. 언제나 그 틀을 넘어선다.

괴테가 비웃은 것은 학문이 아니라, 자연을 소유했다고 착각하는 태도였다. 이름을 붙였다고 해서 본질을 가졌다고 생각하는 오만함 말이다. 자연은 분류되기 전에 이미 완성되어 있다. 그래서 현명한 사람은 자연을 설명하려 들기보다, 먼저 존중한다.

철학을 악용하지 않는다

어느 날 밤, 철학자 헤겔이 괴테를 찾아왔다. 그는 자신의 사상, 변증법을 자부심 가득한 목소리로 설명했다. 이야기를 들은 괴테는 짧게 이렇게 말했다.

"그런 정신적 기술이 악용되지 않았으면 하네."

헤겔은 곧바로 반박했다.

"악용은 정신장애에 걸린 사람이나 하는 짓입니다."

그러자 괴테는 잠시도 망설이지 않고 답했다.

"그렇다면 자연을 연구하는 쪽이 훨씬 낫네. 그런 병에 걸리지 않기 때문이지."

괴테가 경계한 것은 철학 그 자체가 아니었다. 생각을 다루는 기술이 사람을 현실에서 떼어놓을 때 생기는 위험이었다. 철학은 깊이를 주기도 하지만, 잘못 쓰이면 세상 위에 군림하려는 도구가 된다. 그래서 괴테는 사유의 높이보다 현실과의 거리부터 살폈다. 그 거리가 멀어질수록, 생각은 쉽게 병들 수 있다는 것을 이미 알고 있었기 때문이다.

이상 국가를 흉내 내지 않는다

세상 어딘가에 완벽해 보이는 나라가 있다고 해보자. 제도도, 문화도, 결과도 좋아 보인다. 하지만 그렇다고 그 모습을 그대로 베껴온다고 문제가 해결되지는 않는다. 괴테는 이 점을 분명히 경고했다.

"외국의 개혁을 도입하려는 시도는, 그 개혁 내용이 자국민의 본질에 깊이 뿌리내린 요구가 아닌 한 모두 멍청한 짓일 뿐이다. 그렇게 억지로 기획된 혁명은 그 어떤 것도 성공하지 못한다."

겉모습은 쉽게 따라 할 수 있다. 하지만 뿌리는 옮길 수 없다. 제도는 수입할 수 있어도, 사람의 삶까지 복제할 수는 없다. 좋은 해답은 늘 내부에서 나온다.

밖에서 빌려온 모델은 참고서일 뿐, 정답이 아니다. 괴테가 말한 통찰은 지금도 유효하다. 국가든 개인이든, 성장은 모방이 아니라 자기 조건을 정확히 읽는 데서 시작된다.

예외를 일반화하지 않는다

독일의 한 지방에서 천연두 예방접종을 실시했지만 환자가 계속 발생했다. 그러자 곧 사람들 사이에 불안이 퍼졌다. "그렇다면 예방접종을 법으로 강제하는 건 무리 아닐까?"

괴테는 이 반응을 경계했다. 그리고 이렇게 말했다.

"예방접종을 계속해야 한다. 그런 작은 예외는 법률의 심오한 혜택과 비교할 때 전혀 문제가 되지 않는다."

하나의 사례가 전체를 설명해주지는 않는다. 예외는 눈에 잘 띄지만, 원칙은 조용히 작동한다. 문제는 언제나 여기서 생긴다. 작은 균열을 보고 전체 구조가 무너졌다고 판단해버리는 순간이다. 예외는 예외로 남겨야 한다. 그것을 일반화하는 순간, 판단은 감정에 끌려다닌다.

현명한 사람은 특이한 사례보다 전체가 만들어 내는 방향을 본다. 그래서 쉽게 흔들리지 않는다.

진실의 뒷면도 살펴보자

프랑스 혁명은 오랫동안 진보와 해방의 상징으로 받아들여졌다. 많은 사람이 그것을 의심 없이 긍정의 역사로 기억했다. 하지만 괴테는 달랐다. 그는 열광보다 먼저 그 이면을 보았다.

"프랑스에서는 온갖 것들을 뇌물로 손에 넣을 수 있다. 프랑스 혁명도 뇌물에 의해 조종됐다."

그리고 혁명이 남긴 변화를 더 날카롭게 짚어 낸다.

"혁명 전에는 모든 것이 노력이었다. 혁명 후에는 모든 것이 요구로 변질됐다."

괴테가 문제 삼은 것은 변화 그 자체가 아니었다. 노력의 언어가 권리의 외침으로 바뀌는 순간이었다. 역사는 종종 아름다운 이름으로 포장된다. 하지만 그 이름이 모든 진실을 대신해주지는 않는다.

현명한 사람은 열광하는 서사보다 작동 방식을 본다. 괴테에게 역사를 읽는다는 것은 찬양하거나 부정하는 일이 아니라, 거짓된 해석을 거부하는 일이었다.

역사 속으로 깊숙이 들어간다

역사는 먼 이야기가 아니다. 과거를 들춰보는 일이 아니라, 지금의 자리를 이해하는 과정이다.

"지나간 것일지라도, 현재의 것일지라도, 미래의 것일지라도 진지하게 역사 속으로 깊숙이 들어가면 난해한 문제가 튀어나올 것이다. 그것을 두려워하지 말고 계속 앞으로 나아가면 교양이 깊어지고 편해진다."

역사를 제대로 들여다보면 생각이 불편해지는 순간이 온다. 확신이 흔들리고, 답이 바로 나오지 않는다. 하지만 그 불편함을 넘어서야 시야가 넓어진다. 어렵다는 감각은, 이해가 시작됐다는 신호다. 괴테가 말한 교양은 정보를 많이 아는 상태가 아니라, 복잡함을 견딜 수 있는 여유였다. 현명한 사람은 역사를 밖에서 바라보지 않는다. 그 안으로 들어가, 그 흐름 속에서 현재를 살아간다.

개혁에 신중하라

개혁을 외치는 목소리를 들을 때면 늘 솔깃하다. 지금의 불만을 나열하기만 하면 되기 때문이다. 현실이 답답할수록 그 말은 더 쉽게 힘을 얻는다. 그러나 중요한 것은 구호가 아니라, 그 말을 하는 사람의 의도다. 괴테는 프랑스 혁명을 바라보며 이 점을 날카롭게 짚었다.

"사회의 행복이라는 거짓된 방패에 숨어 약탈과 살인과 방화를 목적으로 하는 혁명의 폭도 진영에 상수는 없다. 그들은 비열하고 자기중심적 목적만 생각할 뿐이다."

괴테가 경계한 것은 변화가 아니라, 명분을 이용하는 사람들이었다. 개혁이라는 이름 아래 폭력과 탐욕을 정당화하는 태도 말이다. 문제는 시간이 갈수록 더 심해진다. 개혁자는 점점 확신에 차고, 자신을 의심하지 않게 된다. 괴테는 경고한다.

선한 말이 항상 선한 결과를 낳지는 않는다. 현명한 사람은 변화를 원하면서도 그 속도를 늦춰 묻는다. 누가 이익을 얻는가, 누가 책임을 지는가, 그리고 이 개혁은 정말 사람을 위한 것인가. 괴테에게 신중함은 비겁함이 아니라, 가장 현실적인 용기였다.

극단으로 달리지 않는다

괴테는 온갖 혁명을 경계했다. 변화를 싫어해서가 아니라, 극단이 어떤 결말로 가는지 너무 잘 알고 있었기 때문이다.

"그 어떤 혁명도 극단으로 치닫는 것을 피할 수 없다. 정치 혁명의 경우 처음에는 온갖 불법을 타파하는 것만을 요구한다. 그러나 이내 유혈 참사로 돌진하게 된다."

처음의 명분은 늘 그럴듯하다. 부당함을 없애자고 말하고, 정의를 회복하자고 외친다. 하지만 속도가 붙는 순간, 사람들은 멈추는 법을 잊는다. 괴테는 단호하게 말했다.

"나는 온갖 폭력적인 혁명을 증오한다. 설사 정의로운 것을 얻을 수 있다고 해도 그와 동등한 정도의 정의로운 것이 파괴돼 버리기 때문이다."

극단은 언제나 파괴를 정당화하는 언어를 먼저 배운다. 그래서 현명한 사람은 급진적인 구호보다 지속 가능한 방향을 선택한다. 괴테에게 균형이란 미온적인 타협이 아니라, 가장 많은 것을 지켜내는 용기였다.

무조건 반대하지 않는다

반대하기는 쉽다. 하지만 항상 옳지는 않다. 특히 개인적인 감정이 섞이면, 반대는 판단이 아니라 배설이 된다. 괴테는 이런 태도를 분명히 비판했다.

"그들은 위대한 것이라면 무엇이든 반대하는 습성이 있다. 그것은 야당의 정신이 아니라 반대를 위한 반대일 뿐이다. 그들은 증오할 수 있는 위대한 상대가 없으면 불만으로 가득 차게 된다."

괴테가 문제 삼은 것은 권위 그 자체가 아니었다. 반대할 대상을 찾지 못하면 스스로 불안을 견디지 못하는 심리였다. 중요한 것은 옳고 그름이 아니라 계속 반대할 무언가가 필요했을 뿐이다.

비판은 방향을 갖지만, 반대하는 것에는 종종 중독된다. 조심성이 없고 무례한 사람의 눈에는 위대한 사람조차 만만하게 비친다. 괴테가 경계한 것은 권위가 아니라, 생각 없는 반대였다.

정론을 경계한다

아무도 반론할 수 없는 말, 너무 옳아서 의심조차 허용되지 않는 주장. 그럴수록 한 번쯤 멈춰서 봐야 한다. 괴테는 정치 감각이 예리했다. 그는 인도주의를 외치며 노예 매매에 반대하던 영국을 바라보며 이렇게 말했다. 괴테의 시선은 냉정했다.

"영국인은 그 위대한 실천적 지성을 발휘해 우리를 조롱하면서 세계를 정복하고 있다."

그리고 핵심을 짚는다.

"아프리카 서해안에서는 영국인이 노예를 부리고 있다. 그러므로 그곳에서 노예를 수출하는 것은 자신들의 이익에 반한다는 뜻이다."

겉으로는 도덕이었다. 하지만 실제로는 이해관계였다. 정의의 언어가 이익을 가릴 때, 그 말은 가장 강력한 무기가 된다. 가장 그럴듯한 말일수록 가장 많은 것을 숨긴다. 괴테가 경계한 것은 선한 주장 자체가 아니다. 선함을 방패로 삼는 태도였다. 정론을 외치는 사람은 많다.

그러나 현명한 사람은 그 말 뒤에 무엇이 움직이는지를 본다.

거짓말하는 사람을 꿰뚫어 본다

그럴듯한 말은 언제나 매력적이다. 특히 정치인의 연설이나 혁명가의 구호는 이상을 전면에 내세울수록 더 강하게 들린다. 하지만 괴테는 그 화려한 언어를 쉽게 믿지 않았다. 오히려 그 조합을 경계했다.

"입법가든지 혁명가든지, 평등과 자유를 동시에 약속하는 자는 공상가 아니면 사기꾼이다."

두 단어 모두 듣기 좋다. 하지만 현실에서는 서로를 끊임없이 침식한다. 하나를 밀어 올리면 다른 하나는 반드시 흔들린다. 그래서 둘을 동시에, 아무런 비용 없이 얻을 수 있다고 말하는 순간 그 말은 의심의 대상이 된다.

불가능한 약속일수록 가장 도덕적인 얼굴을 하고 나타난다. 괴테가 말한 통찰은 단순하다. 말이 크고 완벽할수록, 우리는 더 차갑게 물어야 한다. 그 말은 현실을 바꾸려는 것인가, 아니면 사람을 속이려는 것인가.

불순한 의도에 가까이하지 않는다

학문에는 언제든 불순한 의도가 스며들 수 있다.

"대부분의 인간에게 학문은 생활의 방편이 될 때 비로소 의미를 갖는다. 그리고 자신에게 편리하기만 하다면, 잘못된 것조차 신성한 것으로 만들어 버린다."

진리를 향하던 학문이 이익을 좇는 순간, 옳고 그름의 기준은 흐려지고 왜곡된다. 현명한 사람은 권위나 명성에 휘둘리지 않고, 학문의 이름으로 포장된 편리한 거짓을 경계한다.

진정한 학문은 스스로를 성찰하게 하고, 삶을 올바르게 이끄는 도구로 활용될 때 의미를 가진다.

발판을 정리한다

사유에는 가설이 필요하다. 생각을 세우기 위한 임시 구조물과 같다.

"가설은 건물을 짓기 전에 설치하는 발판과 같아서, 건물이 완성되면 철거되는 것처럼 작업 과정에서는 필요하지만, 발판 자체를 건물로 착각해서는 안 된다."

가설이 틀리는 것 자체는 문제가 아니다. 문제는 잘못된 가설이 의심받지 않고 고정될 때 생긴다. 지혜로운 사람은 생각이 완성되면 발판을 걷어낸다. 가설에 집착하지 않고, 사실과 증거 앞에서 언제든 판단을 수정할 수 있는 유연함을 가진다.

머리로만 생각하지 않는다

현대인은 풍부한 지식을 갖고 있다. 그러나 괴테는 이런 지식을 '머릿속만의 지식'이라고 불렀다.

"근대인이란 뜻은 크지만, 그 뜻을 생각대로 힘차게 만들어 내지 못한다. 그것을 만들어 낼 지식을 갖고 있음에도 불구하고 말이다."

근대인은 고대인처럼 장대한 뜻을 형상으로 드러내기 어려워졌다. 지식이 많아진 대신, 행동과 실천이 뒤따르지 않게 되었기 때문이다. 현명한 사람은 아는 데서 멈추지 않는다. 지식을 삶으로 옮길 때에만 생각은 비로소 힘을 얻는다.

다수를 믿지 않는다

다수가 선택했다고 해서 그것이 항상 옳다는 보장은 없다. 학문의 진위는 다수결로 결정되지 않는다. 괴테는 이를 두고 한탄했다.

"다수라는 것이 늘 거슬린다. 다수를 이루는 것은 소수의 유력한 선도자와, 그들에게 복종하는 약자, 그리고 무뢰하고 무지한 대중이기 때문이다."

현명한 사람일수록 숫자에 기대지 않는다. 무엇이 옳은지는 얼마나 많은 사람이 믿느냐가 아니라, 얼마나 깊이 검증되었느냐로 판단한다.

과거를 되돌아본다

"아무리 현명해 보이는 생각이라도 이미 과거에 한 번쯤은 생각된 것이다. 우리가 할 일은 그것을 다시 한번 깊이 생각하는 일이다."

"현명한 사람이 천 년 전에 이미 답한 문제를, 무지한 사람은 새 발견인 양 다시 내놓는다."

진짜 지혜는 새로움을 꾸미는 데 있지 않다. 같은 질문을 반복해서 붙잡고, 오래된 답을 오늘의 눈으로 다시 읽는 데 있다.

현명한 사람은 늘 과거로 돌아가 같은 문제를 거듭 생각하며, 시간과 경험 속에서 답의 깊이를 확인한다.

이념에 휩쓸리지 않는다

"이념 따위는 내 알 바가 아니다. 무엇에서든 심원한 사상이나 이념을 찾아내려 하고, 그것을 모든 일에 적용하려 들면 인생은 몹시 괴로워진다."

이념은 세상을 이해하기 위한 하나의 틀일 뿐, 현실을 대신할 수는 없다. 그럼에도 사람들은 이념을 절대적인 기준으로 삼아, 복잡한 삶을 단순한 구호로 재단하려 한다. 그 순간, 살아 있는 현실은 사라지고 말뿐인 정의와 명분만 남는다. 이념에 집착하면 사소한 일조차 쉽게 해결되지 않는다. 사람보다 원칙이 앞서고, 상황보다 이론이 앞서기 때문이다.

결국 옳고 그름을 따지다 삶의 균형을 잃고, 타인을 이해하기보다 판단하는 데 익숙해진다. 현명한 사람은 이념을 들고 삶을 재단하지 않는다. 필요할 때 참고하되, 거기에 매달리지 않는다. 현실을 똑바로 보고, 지금 이 순간에 가장 합당한 선택이 무엇인지 고민한다. 괴테가 말한 지혜란, 이념 위에 서는 것이 아니라 삶의 한가운데 서는 태도다.

Part 6.

능력

전문 기술을 익히자

한 가지 재능을 끝까지 밀어붙이는 데 집중하자. 이것저것 손대는 능숙함보다, 하나를 깊이 있게 다루는 힘이 삶을 단단하게 만든다.

"모든 생활과 활동과 기술에 앞서 전문 기술을 익혀야 한다. 기술은 오직 '제한'에 의해서만 얻을 수 있다. 하나를 정확히 알고 실행하는 것은 백 가지를 적당히 하는 것보다 훨씬 높은 교양을 얻게 해준다."

괴테가 말한 '제한'이란 부족함이 아니라 선택이다. 무엇을 하지 않을지를 분명히 정할 때, 비로소 무엇을 제대로 할 수 있는지가 드러난다. 집중은 가능성을 줄이는 행위처럼 보이지만, 실제로는 깊이를 만들어 낸다.

현명한 사람은 재능을 흩뿌리지 않는다. 하나를 선택하고, 오래 붙들고, 끝까지 다듬는다. 그렇게 축적된 전문성은 결국 삶 전체의 품격을 끌어올린다.

현명한 사람의 재능을 훔친다

《파우스트》에 등장하는 악마 메피스토펠레스는 셰익스피어의 노래를 부른다. 이에 대해 괴테는 **"그것이 왜 문제가 되는가?"** 하고 물었다. 그 노래가 그 장면에 정확히 들어맞고, 그보다 더 나은 표현이 없다면 굳이 고생하며 새로운 것을 꾸며낼 이유가 없다는 것이다. 《파우스트》의 발단이 구약성서의 〈욥기〉와 비슷하다고 비난받는 것은 타당하지 않다. 오히려 칭찬받을 일이다.

어리석은 사람은 남의 재능을 시기한다. 평범한 사람은 남의 재능을 흉내 낸다. 현명한 사람은 남의 재능을 자기 것으로 만든다. 중요한 것은 출처가 아니라 완성도다. 누구에게서 가져왔는지가 아니라 그것을 얼마나 정확하게 이해했고, 얼마나 잘 써먹었는가다. 현명한 사람은 고개를 숙여 배운다. 그리고 배운 것을 숨기지 않고, 능숙하게 사용한다. 그렇게 훔친 재능은 더 이상 남의 것이 아니라 자기 삶을 지탱하는 진짜 힘이 된다.

순수해진다

괴테는 인간의 성장을 쇠를 단련하는 과정에 비유했다. 사람은 저절로 단단해지지 않는다. 먼저 불순물이 빠져야 한다.

"대장간에서는 뜨거운 불로 쇳덩어리를 녹여 불순물을 제거하고 부드럽게 만든다. 순도가 높아졌을 때 대장장이는 비로소 쇳덩어리를 두드린다. 이 과정을 거쳐 쇠는 단단해진다. 인간도 스승에 의해 이러한 단련이 이루어진다."

여기서 중요한 것은 '두드림'이 아니다. 그 전에 반드시 거쳐야 할 과정이 있다. 불필요한 것이 타서 사라지고, 쓸모없는 것이 떨어져 나가는 시간이다. 사람도 마찬가지다. 지식이 많다고, 경험이 화려하다고 곧바로 성장하는 것은 아니다. 쌓아온 생각, 고집, 허영, 남의 기준부터 내려놓아야 한다.

비워내지 않은 사람은 아무리 배워도 무거워질 뿐이다. 순수해진다는 것은 아무것도 모르는 상태로 돌아가는 것이 아니다. 본질만 남기는 일이다. 정말 중요한 것과 그렇지 않은 것을 구별해 내는 능력이다.

불필요한 것을 버릴 때, 새로운 것이 들어올 자리가 생긴다. 불순물이 빠질수록 사람은 부드러워지고, 부드러워질수록 더 단단해질 준비가 된다.

괴테가 말한 성장은 빠른 변화가 아니다. 타오르고, 비워지고, 다시 다져지는 느린 과정이다. 현명한 사람은 이 과정을 두려워하지 않는다.

다면적으로 배운다

윗자리에 서는 사람일수록 시야는 넓어야 한다. 한 분야에만 밝은 사람은 유능할 수는 있어도, 사람을 이끌기에는 부족하다. 판단해야 할 것이 많아질수록, 기준 역시 하나로는 모자라다.

"군주나 미래의 정치가는 다면적 교양을 아무리 많이 갖춰도 충분하지 않다. 그들에게는 다면적인 것이 직업이다."

여기서 말하는 교양은 얕은 잡학이 아니다. 여러 분야를 기웃거리며 아는 체하는 태도도 아니다. 서로 다른 관점이 머릿속에서 동시에 작동하는 능력이다.

정치, 역사, 경제, 예술, 인간 심리, 이 모든 것이 분리된 지식처럼 보여도 현실에서는 늘 한꺼번에 얽혀서 나타난다. 다면적으로 배운 사람만이 상황의 전체를 본다.

윗자리에 있다는 것은 답을 많이 안다는 뜻이 아니다. 서로 다른 주장과 이해관계를 동시에 견딜 수 있다는 의미다. 한쪽만 옳다고 밀어붙이지 않고, 여러 가능성을 놓고 끝까지 생각해볼 수 있는 힘이다.

적당주의자를 경계한다

"활동적이면서 어리석은 사람만큼 끔찍한 것도 없다."

생각하지 않고 움직이는 사람은 선의로 시작해도 쉽게 사고를 만든다. 하지만 괴테가 더 경계한 존재는 따로 있었다. 바로 모든 것을 '적당히' 처리하는 사람이다.

"어리석은 사람과 현명한 사람은 두렵지 않다. 적당히 어리석은 사람과 적당히 현명한 사람이 가장 위험하다."

완전히 어리석은 사람은 금방 드러난다. 완전히 현명한 사람은 스스로를 경계한다. 문제는 그 중간에 있는 사람이다.

세상을 크게 흔드는 재앙은 극단적인 악의보다 이런 '대중의 판단'에서 더 자주 시작된다. 현명한 사람은 적당함을 미덕으로 착각하지 않는다. 모르면 멈추고, 알면 끝까지 생각한다. 회색 지대에 오래 머무르지 않는다. 괴테가 경계한 것은 무지가 아니라, 생각을 포기한 채 움직이는 태도였다.

신체를 건강하게 한다

"체육학교를 부흥시켜야 한다. 요즘 학생들은 정신적·학문적 측면만을 추구한 나머지 균형 잡힌 신체를 만들지 못했다."

몸이 약하면 생각도 오래 버티지 못한다. 집중력은 체력 위에 놓이고, 의지력 역시 근육처럼 소모된다.

"재능은 유전되지 않지만 건강한 신체라는 토대를 필요로 한다."

아무리 뛰어난 재능도 지탱할 몸이 없으면 오래 지속되지 않는다. 몸이 무너지면 판단이 흐려지고, 판단이 흐려지면 삶 전체가 흔들린다. 그래서 괴테는 철학에만 몰두하는 태도를 경계했다.

현실에서 단련되지 않은 사유는 쉽게 공허해지기 때문이다. 생각에 빠질수록 몸을 움직여야 한다. 고민이 깊어질수록 땀을 흘려야 한다. 철학에 심취할 바에는 차라리 스포츠에 매진하는 편이 낫다. 건강한 몸은 사치가 아니다. 그것은 모든 가능성을 떠받치는 가장 현실적인 준비다.

육체를 살핀다

자신의 육체를 먼저 살피자. 몸은 언제나 신호를 보낸다. 다만 우리는 너무 바쁘다는 이유로, 혹은 괜찮을 거라는 생각으로 그 신호를 무시할 뿐이다.

"자신의 육체, 그리고 정신에 대해 곰곰이 생각해보면 대개 병이 있음을 알게 된다."

여기서 말하는 병은 당장 쓰러질 정도의 질환만을 뜻하지 않는다. 쉽게 피로해지는 상태, 사소한 자극에도 흔들리는 감정, 집중이 오래가지 않는 마음까지 포함된다.

몸과 마음은 따로 움직이지 않는다. 육체의 균열은 정신의 흐트러짐으로 이어지고, 정신의 방치는 결국 육체의 통증으로 돌아온다.

현명한 사람은 아프지 않다고 자신하지 않는다. 오히려 어디가 약한지부터 점검한다. 병을 인정하는 순간부터 관리가 시작되기 때문이다. 자각은 두려움이 아니라 준비다. 몸을 살피는 사람만이 오래 가는 삶을 설계할 수 있다.

지식 편중을 바로 잡는다

지식이 많다고 준비된 것은 아니다. 특히 한쪽으로 쏠린 지식은 현실 앞에서 쉽게 무너진다.

"장차 공무에 종사하게 될 학생에게 과도하게 이론적·학문적 지식을 요구하는 것에는 찬성할 수 없다."

괴테가 우려한 것은 무지가 아니다. 현실을 겪지 않은 채 머리로만 배운 지식이었다. 현실의 문제는 교과서처럼 등장하지 않는다. 사람, 이해관계, 타이밍이 뒤엉켜 예측을 벗어난다. 이론은 방향을 제시할 수는 있어도 결정을 대신해 주지는 않는다. 현장에서 판단을 내리는 힘은 직접 부딪쳐본 경험에서 나온다.

그래서 현명한 사람은 젊은이에게 정답을 주입하지 않는다. 상황을 읽는 법을 가르친다. 틀릴 수 있는 자리, 책임지는 경험을 먼저 건넨다. 지식의 균형이 무너지면 판단도 함께 기울어진다. 현명한 교육은 이론과 현실을 나란히 세우는 데서 시작된다.

천재를 기다린다

최고와 만나고 싶다면, 먼저 기다릴 줄 알아야 한다. 탁월함은 서두른다고 앞당겨지지 않는다.

"우수한 인물 중에는 무슨 일이든 바로 완수하거나 적당히 해내는 것이 안 되는 사람이 있다. 그들은 각각의 대상을 깊이 있게 추구하지 않고는 못 배기는 성질을 가졌다."

그들은 늘 느려 보인다. 결과가 늦고, 결정도 더디다. 그래서 우리는 종종 그들의 태도를 답답해한다.

왜 이렇게 비효율적이냐고 묻는다. 하지만 바로 그 방식이 최고를 만들어 낸다. 겉으로 드러나는 속도 대신 완성도를 선택했기 때문이다. 천재는 빨리 끝내는 사람이 아니다. 끝까지 파고드는 사람이다.

괴테가 말한 천재란 타고난 재능이 아니라 기다림을 견디는 성질에 가깝다. 현명한 사람은 탁월함이 도착할 때까지 조급해하지 않는다.

위대함에서 배운다

"위대한 통치자는 위대함만 있으면 된다. 그 외에 어떤 수단도 필요하지 않다."

여기서 말하는 위대함은 권모술수도, 요란한 말솜씨도 아니다. 상황이 바뀌어도 흔들리지 않는 중심이다.

괴테가 떠올린 인물은 나폴레옹이었다. 그는 언제나 한결같았다. 전투를 앞두고도, 전투 중에도, 승리한 뒤에도, 패배한 뒤에도 기가 죽는 법이 없었다. 괴테는 그를 이렇게 본다.

"그는 항상 무엇을 해야 할지 분명히 이해했고, 항상 자신이 있어야 할 곳에 있었다. 그래서 어떤 순간, 어떤 상황에서도 대처할 수 있었다."

위대함은 과장된 행동에서 나오지 않는다. 본연의 자리에서 벗어나지 않는 태도에서 드러난다. 흥분하지 않고, 도망치지 않으며, 필요할 때 앞에 서는 것. 괴테가 말한 위대함은 타고난 재능이 아니라 자기 위치를 끝까지 지키는 힘이다.

자신을 억제한다

"가장 위대한 기술이란 자신을 억제하고, 다른 것들로부터 격리하는 것이다."

여기서 말하는 억제는 자신을 억누르는 금욕이 아니다. 무분별하게 흩어지지 않기 위한 선택이다. 재능은 한 번에 모두 펼칠수록 오히려 얕아진다. 관심을 나누고 가능성을 분산시키는 순간, 어느 것 하나 깊어지지 않는다.

현명한 사람은 자신의 재능을 키우기 위해 재능의 일부를 의도적으로 억제한다. 하고 싶은 것보다 해야 할 것을 먼저 선택한다. 모든 기회를 잡으려 하지 않고, 불필요한 자극과 비교에서 스스로를 떼어 낸다.

집중은 결국 포기의 다른 이름이기 때문이다. 괴테가 말한 위대한 기술이란 무엇을 더 할지 아는 능력이 아니라, 무엇을 하지 않을지를 끝까지 지켜내는 힘이다.

폭넓게 받아들인다

"위대한 사람은 도량이 클 뿐이다."

"장점과 단점을 모두 갖고 있다는 점에서 하찮은 사람과 다르지 않다. 다만 그 양이 큰 것이다."

위대한 사람은 특별히 더 착한 존재가 아니다. 성인군자처럼 흠 없는 인물도 아니다. 그 역시 욕망이 있고, 약점이 있으며, 실수하고 흔들린다. 차이는 다른 데 있다. 자신 안의 밝음과 어둠을 모두 감당할 수 있는 그릇의 크기다. 장점만 키우려 애쓰지 않고, 단점을 부정하거나 숨기지도 않는다.

현명한 사람은 사람을 선과 악으로 단순하게 가르지 않는다. 상황과 맥락을 보고, 사람의 복합성을 그대로 받아들인다. 폭넓게 받아들인다는 것은 모든 것을 정당화한다는 뜻이 아니다. 현실을 있는 그대로 직시하는 힘이다.

괴테가 말한 위대함은 판단을 멈추는 태도가 아니라, 판단 이전에 이해하려는 도량에서 시작된다.

문제를 선택한다

무엇을 다룰 것인가. 이 질문 하나에 그 사람의 수준이 드러난다. 괴테는 정치가이자 저술가였던 피에르 에티엔 루이 뒤몽을 이렇게 평가했다.

"그는 폭넓은 사람이었다. 그가 다룬 문제 중에는 흥미 없는 것도, 무의미한 것도 하나도 없었다."

뒤몽의 글이 특별했던 이유는 표현 기술이나 주장 때문이 아니었다. 그가 선택한 주제 자체가 늘 중요했기 때문이다.

괴테는 문제의 '해결'보다 문제의 '선택'을 더 중요하게 보았다. 어떤 문제를 붙잡는가에 따라 그 사람이 어떤 인물인지, 어떤 정신을 갖고 있는지가 그대로 드러나기 때문이다. 현명한 사람은 목소리를 높일 주제를 찾지 않는다. 시간을 써도 아깝지 않은 문제를 고른다. 자기 삶과 시대에 실제로 의미가 있는 질문을 붙든다. 무엇을 말하느냐보다 무엇에 대해 말하느냐가 사람을 말해준다.

Part 7.

독서

읽어야 할 책부터 읽는다

읽어야 할 책이란 무엇일까. 정보를 많이 주는 책이 아니다. 트렌드를 빠르게 정리해주는 책도 아니다. 정신을 움직이는 책이다.

"사람은 항상 경탄할 수 있는 책만 읽어야 한다. 사람들은 너무나도 형편없는 책들을 읽고 있다. 이는 시간만 허비할 뿐 아무것도 얻지 못한다."

모든 독서가 성장으로 이어지지는 않는다. 읽었다는 사실만 남고 생각은 조금도 움직이지 않는 책도 많다. 그런 독서는 휴식일 수는 있어도 축적은 되지 않는다.

괴테가 말한 '경탄'이란 단순한 감동이 아니다. 생각을 멈추게 하고, 다시 생각하게 만드는 힘이다. 기존의 기준을 흔들고 스스로를 돌아보게 하는 경험이다.

많이 읽는 것보다 무엇을 읽느냐가 중요하다. 그래서 현명한 사람은 읽어야 할 책부터 읽는다.

뛰어난 작품들을 읽는다

괴테는 뛰어난 작품을 한 번 읽고 덮지 않았다. 그는 매년 극작가 몰리에르의 작품을 읽고, 또 읽었다. 이야기를 외우기 위해서가 아니라 몰리에르의 정신을 다시 만나기 위해서였다.

위대한 작품은 내용보다 태도가 남는다. 사물을 바라보는 눈, 인간을 다루는 방식, 말을 아끼는 감각 같은 것들이다.

그래서 괴테는 새로운 책을 쫓기보다 이미 검증된 작품으로 돌아갔다. 그곳에 늘 배울 것이 남아 있다는 걸 알았기 때문이다.

피히테는 이렇게 말했다.

"평범한 인간들은 이러한 위대함을 마음속에 완전히 담아낼 수 없다. 그래서 자주 그 위대함으로 돌아가 그 느낌과 인상이 마음속에 살아나도록 하는 것이 중요하다."

위대함은 한 번의 독서로 흡수되지 않는다. 시간이 지나면 흐려지고, 일상에 밀려 잊힌다. 그래서 다시 돌아가야 한다.

고전을 많이 읽는다

무엇보다 먼저 과거에서 배우자. 새로 나온 책이 늘 답을 주는 것은 아니다. 시대가 바뀌어도 흔들리지 않는 기준은 대개 오래된 책 속에 남아 있다.

"태어난 시대가 같고, 업무나 분야가 같은 주변 사람들에게서 굳이 배울 필요는 없다. 수 세기에 걸쳐 불변의 가치와 보편적인 명성을 유지해온 과거의 위대한 인물에게서 배워야 한다."

동시대 사람의 생각은 도움이 될 수는 있어도 쉽게 한계에 부딪힌다. 같은 환경, 같은 조건 속에서 비슷한 고민을 반복하기 때문이다.

괴테가 고전을 중시한 이유는 분명하다. 그 안에는 이미 수없이 검증된 사유와 선택이 담겨 있다. 시간이라는 가장 가혹한 기준을 통과한 생각들이다.

"위대한 옛사람과 교류하고 싶다는 욕구야말로 빼어난 소신이 있다는 증거다."

고전을 읽는다는 것은 과거에 머문다는 뜻이 아니다. 가장 넓은 시야를 확보하는 일이다. 현명한 사람은 유행보다 오래 남을 목소리를 먼저 듣는다.

교양을 심화시킨다

같은 사물일지라도 현명한 사람과 어리석은 사람은 전혀 다르게 본다.

"우리는 이미 알고 있는 것, 이해하고 있는 것만을 본다."

쉽게 말해, 눈앞에 있어도 자신의 지식과 경험에 맞춰 사물을 선택적으로 인식한다는 것이다.

하지만 교양이 깊어지면 달라진다. 오랜 시간 간과했던 것이 새롭게 보이기 시작한다. 작은 사소함 속에서도 의미를 발견하고, 익숙한 것에서 새로운 가치를 읽어 낸다.

현명한 사람은 단순히 많이 아는 것이 아니라 그 아는 것을 통해 세상을 다시 보는 법을 안다.

교양은 눈을 넓히는 힘이자 사물을 처음 보는 듯 바라볼 수 있는 능력이다. 지식은 쌓이는 것이지만, 교양은 세상을 새롭게 보는 눈을 길러준다. 현명한 사람은 교양을 통해 삶과 사물의 깊이를 느낀다.

책과 깊이 교류한다

처음에는 책을 읽으며 자신과 생각이 맞는 부분을 찾고, 저자의 사고방식과 닮았다는 사실에 만족한다. 그것이 독서의 첫 단계다.

하지만 읽기를 이어가면 달라진다. 점차 차이를 발견하게 된다. 저자의 관점, 논리, 경험이 자신과 다르다는 것을 깨닫는다.

괴테는 경고한다.

"그럴 때 젊은이들은 두려움에 빠지고 책에 빨려들려는 경향이 있다. 하지만 그 차이를 반드시 일치시키려고 애쓸 필요는 없다."

현명한 사람은 저자와 의견이 다르더라도 받아들인다. 차이를 이해하고 존중하는 순간, 독서는 단순한 읽기가 아니라 깊이 있는 교류가 된다. 책과의 교류란 동의와 반대를 넘어, 서로의 생각을 마주하며 스스로를 확장하는 과정이다.

현명한 사람의 정신을 직시한다

"내 작품은 대중을 위해 쓴 것이 아니다. 같은 것을 좋아하거나 추구하거나, 같은 경향을 취하려는 한 줌 사람들을 위해 쓴 것이다."

제자 에커만은 이렇게 덧붙였다.

"괴테의 작품은 세계와 인류의 궁극적인 본질을 규명하고자 한 것이며, 자신의 후대에 나타나 활동할 관찰자를 위해 존재한다."

현명한 사람은 단순히 작품을 읽는 데 그치지 않는다. 거장의 정신을 직시하고, 그 안에서 사고와 태도의 본질을 배우고 성찰한다.

이해하기보다 느낀다

예술작품은 단순히 이해하는 것이 아니다. 느끼고 마음으로 체험하는 것이다. 이해의 범주에만 머무르면 예술은 왜소해진다.

"문학작품은 헤아리기 어려우면 어려울수록, 지성으로 이해하기 어려울수록 뛰어난 작품이다."

진정한 예술은 지식으로 완전히 파악할 수 없다. 마음을 열고 작품 속으로 스며들 때, 그 아름다움과 의미를 온전히 경험할 수 있다.

불필요한 노력을 하지 않는다

목적지를 향할 때는 가장 빠른 길을 선택하자.

"하늘은 어디서든 푸르다. 그것을 깨닫기 위해 세계 구석구석을 돌아다닐 필요는 없다."

평범한 사람은 이미 알고 있는 것을 확인하려고 책을 읽는다. 현명한 사람은 모르는 것을 배우고, 새로운 지식을 확인하기 위해 책을 읽는다.

진정한 학습과 노력은, 불필요한 과정에 매달리지 않고 핵심과 본질에 집중할 때 비로소 빛을 발한다.

책에만 의지하지 않는다

한 미술사의 관계자가 클로드 로랭의 풍경화를 소개하며 '그의 주요 공적은 팔레트에 있다'고 평가했다. 이를 접한 순간 괴테는 황당함을 느낄 수밖에 없었다.

책에만 의지하면 일정 수준 이하의 것만 배우게 된다. 현상을 제대로 이해하기 위해서는 직접 보고, 느끼고, 실험해야 한다. 자연과학을 연구할 때도 기존 이론이나 타인의 발견에 의존하지 않았다. 눈앞의 현상을 온전히 이해하려면, 모든 것을 스스로 관찰하고 연구해야 했기 때문이다.

"나는 모든 것을 스스로 연구하고 발견했다. 때로는 잘못도 저질렀다. 그렇기에 식물과 색채에 대해 책 이상의 것을 알고 있다고 말할 수 있다."

진정한 배움은 책으로부터 시작되지만, 책에 머물지 않고 스스로 경험하고 깨닫는 데서 완성된다.

언론에 휘둘리지 않는다

대중은 매스컴에 쉽게 휘둘리곤 한다.

"셰익스피어의 위대함은 강력하고 위대한 시대의 산물이다. 그것이 의심스럽다면, 지금처럼 저널리즘이 난리를 피우는 나쁜 시대의 영국에서 과연 셰익스피어 같은 놀라운 인물이 태어날 수 있었을지를 생각해보면 된다."

현명한 사람은 언론의 일시적 열광이나 흥분에 흔들리지 않는다. 사람과 작품의 진정한 가치는 시대와 본질 속에서 확인해야 한다.

책을 빼앗지 않는다

자녀에게서 책을 빼앗아서는 안 된다. 설령 그 책이 악서일지라도 말이다.

"비록 어린아이일지라도 한 권의 책이나 연극이 그에게 미치는 영향은 크게 걱정할 정도는 아니다. 오히려 하루하루의 생활이 그 어떤 자극적인 책보다 큰 영향을 미친다."

책보다 중요한 것은 일상의 경험과 삶 속에서 배우는 것들이다. 현명한 사람은 자녀가 스스로 책을 선택하고 자유롭게 배우도록 길을 열어준다.

운명을 읽는다

문학 속에서는 무수한 반복을 발견할 수 있다. 그 반복을 통해 인간의 정신과 운명이 일정한 패턴 속에 있음을 알게 된다.

"우리는 문학에서 무수한 반복을 발견해 낸다. 그것을 통해 인간의 정신과 운명이 한정돼 있음을 안다."

현명한 사람은 작품을 단순한 이야기로 보지 않는다. 문학을 통해 인간과 삶의 운명을 읽고 그 속에서 자신의 길과 선택을 돌아본다.

교양을 간파한다

몰리에르를 헐뜯는 평론가들이 있었다.

"그의 지식의 양과 독서량에는 경탄을 금하지 않을 수 없다."

진정한 교양은 단순한 지식이나 읽은 책의 양으로 판단되지 않는다. 몰리에르의 작품에서 드러나는 정신과 삶의 품격, 그리고 그것이 우리에게 선사하는 가치가 바로 교양이다.

"내가 몰리에르에게 매혹된 것은 뛰어난 기교 때문만은 아니다. 사랑받아야 마땅한 천성과 고귀한 교양을 지녔기 때문이다. 그는 작법에 맞는 것에 대한 우아한 예의를 터득하고 있다."

독서를 통해 우리는 단순히 지식을 쌓는 것이 아니라, 정신적 귀족으로 성장할 수 있다. 좋은 책은 마음과 사고의 품격을 높이고, 삶을 더 풍요롭고 세련되게 만드는 길잡이가 된다.

독서의 어려움을 깨닫는다

책을 많이 읽는 것만으로는 충분하지 않다. 독서는 단순히 마음의 양식을 찾거나, 사랑할 만한 주인공을 발견하는 일이 아니다.

"당신은 책 읽는 법을 배우는 데 얼마나 많은 시간과 노력이 필요한지 모른다. 나는 그것을 깨닫기 위해 80년이란 시간을 썼다. 그리고 지금도 여전히 목적에 도달했다고는 할 수 없다."

진정한 독서는 저자의 사유와 정신을 이해하고, 그 의미를 내 삶에 새기는 과정이다. 많은 책을 읽는 것이 아니라, 깊이 읽고 사유하며 삶에 적용하는 것이 핵심이다.

시를 읽는다

인생을 걷다 보면 누구나 한 번쯤은 잘 보이지 않는 돌부리에 걸려 넘어지곤 한다. 갑자기 찾아온 실패, 예상치 못한 감정의 파도, 계획을 무너뜨리는 사건들. 이 모든 것은 예고 없이 다가와 삶의 리듬을 끊어 놓는다.

"하지만 시인은 그 돌이 있는 장소를 암시한다."

시는 단순히 예쁜 문장이 아니다. 삶을 조금 더 깊게 들여다보게 하고, 우리가 지나치려는 위험과 가능성을 깨닫게 하는 작은 등불이다. 지혜로운 사람은 시와 더불어 산다. 시를 통해 마음을 가다듬고, 흔들리는 순간에도 스스로를 다시 세운다. 경험과 감정이 응축된 언어가 바로 시이기 때문이다. 한 줄의 시가 앞으로 나아갈 용기를 주고, 같은 문제 앞에서 다른 해답을 찾게 만든다.

삶은 완벽한 지도가 없는 여정이지만, 시를 가까이 하면 보이지 않던 돌부리들의 모습이 서서히 드러난다. 그리고 그 돌부리를 넘는 방법을 배운 사람만이 더 단단해진 마음으로 다음 길을 걸어갈 수 있다.

책이 사람을 만든다

인생을 살다 보면 우리는 책을 필요할 때 꺼내 드는 도구처럼 여긴다. 문제가 생기면 해답을 찾고, 막히면 조언을 얻기 위해 펼친다. 그래서 우리는 늘 말한다. "이번엔 이 책을 읽어야겠다"라고.

하지만 시간이 지나 돌아보면, 그 책이 남긴 문장들이 우리의 생각을 바꾸고 선택의 방향을 조금씩 바꿔 놓았다는 사실을 알게 된다. 괴테는 이 점을 이렇게 말했다.

"사람들은 책을 읽는다고 생각하지만, 사실은 책이 사람을 만든다."

책은 단순한 정보의 묶음이 아니다. 그 안에는 한 사람이 세상을 바라본 방식과 수없이 고민하며 도달한 태도가 담겨 있다. 우리는 책을 읽으며 그 시선을 잠시 빌리고, 모르는 사이 그것을 자신의 눈으로 만들게 된다. 그래서 독서는 지식을 늘리는 일이 아니라 조용히 자신을 형성해 가는 과정이다. 어떤 책과 오래 머물렀는지가, 결국 어떤 사람이 되었는지를 말해 준다.

Part 8.

사랑

사심을 없앤다

"모든 것에서 사심이 없어지는 것. 그중에서도 사랑과 우정에서 완벽하게 사심을 없애는 것이야말로 나의 최대의 바람이자 궁극적으로 실천하고자 했던 것이다."

사랑이란 마음 속 사심을 내려놓고, 상대와 관계 속에서 순수하게 주고받는 과정이다.

"내가 너를 사랑하는지는 나도 모른다."

진정한 사랑은 계산이나 조건에서 자유롭다. 자신의 욕심과 기대를 내려놓을 때, 관계는 더욱 깊어지고 자연스러운 아름다움을 띠게 된다. 사심 없는 사랑은 완전하지 않아도 의미 있고, 그 진심이 상대와 삶에 깊은 울림을 남긴다.

절반의 존재를 깨닫는다

"자기 자신에 대해 진지하게 생각하다 보면 자신이 절반의 존재에 불과하다는 사실을 반드시 깨닫게 될 것이다."

사람은 혼자만으로는 완전해질 수 없다.

"그래서 자신을 완전한 것으로 만들기 위해 한 사람의 여성 또는 하나의 세계를 추구하게 된다."

우리는 타인과의 관계, 삶의 경험 속에서 비로소 자신의 부족함과 가능성을 깨닫는다. 혼자만의 세계로는 채워지지 않는 공허를, 사랑과 교류, 도전과 성취를 통해 채워가는 것이 인간 존재의 자연스러운 과정이다.

절반의 자신을 인정할 때, 우리는 더 큰 삶과 연결될 수 있고 온전히 성장할 수 있는 길을 발견한다.

끊임없이 부활한다

"다양한 시인들이 사랑을 노래해왔다. 그래서 만약 사랑이 자연 그대로의 힘과 빛남으로 충만하고 끊임없이 부활하지 않는다면 진부한 것이 되어버리리라."

사랑은 반복되는 감정이 아니라, 시간과 상황 속에서도 새롭게 피어나는 생명력이다. 진정한 사랑은 픽션이나 환상이 아니라, 현실 속에서도 계속해서 빛나고 되살아나는 힘을 가진다.

그 힘이 있을 때, 사랑은 늘 신선하고 의미 있게 느껴진다. 끊임없이 부활하는 사랑 속에서 삶은 더 깊고 풍요로워진다.

마음 깊이 사랑한다

"한 사람을 마음 깊이 사랑하게 되면 다른 모든 사람에게 호감을 가질 수 있게 된다."

진정한 사랑은 단순한 감정이 아니라, 마음의 폭을 넓히고, 주변에도 긍정적인 영향을 미치는 힘이 있다. 한 사람을 진심으로 사랑할 수 있어야, 다른 사람에게도 따뜻한 마음과 호감을 보낼 수 있다.

사랑은 나누는 만큼 커진다. 한 사람에게 깊이 닿은 마음은 주변의 모든 관계에도 긍정적인 영향을 미친다.

결국, 마음 깊이 사랑하는 능력이 우리 삶의 관계와 세상을 풍요롭게 만드는 열쇠가 된다.

결점까지 좋아한다

"사랑하는 사람의 결점을 아름다움으로 여기지 않는 자는 사랑하고 있는 것이 아니다."

사랑은 단순히 장점만을 보는 것이 아니라, 결점까지 포함해 있는 그대로 받아들이는 마음이다.

"사랑이 없는 자들만이 상대의 결점을 본다."

사랑이 깊을수록, 결점은 더 이상 흠이 아니라 그 사람만의 개성과 매력으로 느껴진다. 완전한 사람은 세상에 존재하지 않는다. 결점을 포함해 사람을 이해하고 사랑할 때, 비로소 진정한 관계와 마음의 평화를 경험할 수 있다.

사랑은 상대를 이상화하는 것이 아니라, 현실 속에서 결점마저 함께 품는 과정이다.

결혼에서 보람을 느낀다

"행복을 받고 주는 것은 인간의 커다란 기쁨이다."

사랑은 단순한 감정이 아니라, 서로에게 기쁨을 주고받는 삶의 과정이다.

"사랑하면서 두 사람이 생의 보람을 느끼는 것, 그것이야말로 천상의 기쁨이라 할 수 있다."

결혼은 서로를 통해 삶의 의미와 만족을 발견하는 장이다. 서로에게 행복을 주고받으며 살아갈 때, 두 사람 모두 삶의 진정한 보람을 느낄 수 있다. 사랑과 결혼 속에서 느끼는 작은 기쁨들이 삶 전체를 풍요롭고 의미 있게 만든다.

가까운 곳에서부터 시작한다

"행복은 우선 자신의 주변에서부터 만들어 나가야 한다. 이렇게 되면 전체가 행복해질 것이다."

모두를 위해 한 번에 세상을 바꾸려 하기보다, 내 삶 가까이에서부터 작은 행복을 만들어가는 것이 우선이다.

괴테는 "행복을 원한다면 전체의 행복을 위해 일해야만 한다"라는 시각을 비판했다.

작은 관심과 배려, 주변 사람들을 향한 마음이 결국 더 큰 변화를 만들고, 삶 전체를 풍요롭게 한다. 이상에 휩쓸리기보다 현실 속에서 차근차근 행동하는 것이 진정한 의미 있는 삶을 만드는 길이다.

가까운 곳에서 시작한 작은 행복은 자연스럽게 퍼져 나가 큰 세상 속에서도 의미 있는 영향을 남긴다.

사랑의 마력을 잊지 않는다

"온갖 정열에 따라붙어 다니며, 또 연애 중에 본래의 특색을 발휘하는 악마적인 것을 잊어서는 안 된다. 사랑의 마력은 그 사람의 생애까지 바꾼다."

사랑은 단순한 감정이 아니다. 삶의 방향과 선택, 심지어 존재 자체에까지 영향을 미친다.

"내가 바이마르에 온 것도, 또 지금 여기에 있는 것도, 사랑의 마력과 불가분의 관계가 있다."

우리는 사랑을 통해 행동하고, 생각하며, 삶의 새로운 길을 발견한다. 그 힘은 눈에 보이지 않지만, 삶 전체를 움직이는 원동력이 된다.

사랑의 마력을 기억하는 사람은 단순히 감정에 휘둘리는 것이 아니라, 그 힘이 만들어내는 의미와 변화를 받아들이며 살아간다.

자연스러움을 사랑한다

"부자연스러운 것은 아름답지 않다."

자연 그대로의 모습 속에 진정한 아름다움이 있다.

"꼬리와 갈기가 잘려진 말, 귀가 잘린 개, 커다란 가지가 잘려나간 거목, 어렸을 때부터 코르셋에 조여져 신체가 휘어버린 여성, 이러한 것들은 아름답지 않다."

괴테가 강조한 것은 단순한 외모의 문제가 아니다. 본래의 형태와 기능, 자연스러운 흐름과 조화를 존중하는 태도다.

자연스러움은 인간뿐 아니라, 동물과 식물, 삶의 모든 영역에 적용된다. 완벽을 추구하기보다, 본래의 모습을 이해하고 받아들일 때 진정한 아름다움과 균형을 느낄 수 있다.

자연스러움을 사랑하는 삶은, 꾸밈이나 과장 없이 자신과 세상을 있는 그대로 바라보는 태도에서 시작된다.

아름다움의 본질을 깨닫는다

"아름다움이라는 것은 감춰진 자연법칙이 세상에 모습을 드러내는 형태 중 하나다."

자연 속에서 질서와 조화가 드러날 때, 우리는 그것을 아름다움으로 느낀다.

"만약 그것이 아름다움으로 나타나지 않는다면 자연법칙은 영원히 우리에게 비밀로 남겨질 것이다."

아름다움은 단순한 시각적 즐거움이 아니라, 자연의 법칙과 조화를 이해하는 열쇠다. 괴테가 자연 연구에 몰두한 것도, 바로 이 신비를 풀기 위해서였다. 관찰하고 기록하며, 법칙과 형태 속에서 의미를 찾아내는 과정 자체가 그에게는 아름다움을 경험하는 방법이었다.

아름다움를 이해한다는 것은 눈으로 보는 것을 넘어, 자연과 삶의 근본 원리를 깨닫는 일이다. 조화와 균형 속에서 진정한 아름다움을 발견하고, 그 속에서 인간과 세상의 연결을 느낄 수 있다.

사랑의 본질을 깨닫는다

한 만찬에서 사교계의 한 미인이 화제가 됐다. 어떤 참석자가 "그녀의 지성이 크게 빛난다고는 생각하지 않는다"라고 말하자, 이에 대한 대답은 사랑의 본질을 잘 보여준다.

"연애와 지성은 아무런 관계가 없다. 우리가 젊은 여성을 사랑하는 것은 지성 때문이 아니라 아름다움, 젊음, 심술, 그리움, 개성, 결점, 변덕, 그리고 그 밖의 겉으로 드러나지 않는 모든 요소 때문이다. 우리는 그녀의 지성을 사랑하는 것이 아니다."

사랑은 겉으로 드러나는 것이 아니라, 눈에 보이지 않는 작은 요소들 속에서 피어난다. 완벽함이나 지성에 매달리기보다, 다채로운 인간적인 면모를 받아들이고 즐길 때 사랑은 진정으로 깊어지고 오래 지속된다.

사랑의 본질을 이해하는 순간, 우리는 사람을 있는 그대로 바라보고, 감정의 섬세함을 더 깊이 느낄 수 있게 된다.

사랑을 노래한다

"사랑이야말로 노래의 소재가 돼야 한다. 사랑이 노래에 스며들면 노래는 한층 아름답게 울려 퍼질 것이다."

사랑은 삶의 근원이다. 우리는 어디에서 왔을까. 바로 사랑에서 왔다. 그렇다면 우리는 왜 사라지는 것일까? 사랑이 없어지기 때문이다. 사랑을 경험하고 표현할 때, 삶과 예술은 더욱 풍성해진다.

괴테가 한 여성에게 노래를 선사했듯, 사랑은 사람과 사람을 이어주고, 마음속 깊은 울림을 만든다. 사랑 없이는 마음도, 삶도, 노래도 제대로 울려 퍼질 수 없다. 사랑을 느끼고, 나누고, 노래하는 순간마다 우리는 존재의 의미와 아름다움을 확인하게 된다.

은퇴하지 않는다

더 이상 사랑하지 않고, 더 이상 열정을 느끼지 않으며, 방황조차 하지 않는 삶은 살아있다고 말하기 어렵다.

사랑과 관심을 멈추지 않고, 삶의 도전과 관계 속에서 계속 배우고 성장하는 것이 진짜 살아있는 증거다. 삶 속에서 사랑하고, 느끼고, 도전하는 순간마다 우리는 계속해서 존재의 의미를 새롭게 만들어간다.

진정한 은퇴란 나이가 들어서가 아니라, 마음이 멈췄을 때 찾아온다. 사랑하고 배우며 도전하는 한, 우리는 결코 삶에서 은퇴하지 않는다.

나이듦에 대해

나이가 들면서 우리는 조금씩 관대해진다.

"관대해지려면 나이를 먹으면 된다."

다른 사람의 잘못을 봐도, 모두 자신이 저지를 뻔했던 일이라는 것을 떠올리며 자연스럽게 용서할 수 있게 된다.

"그 어떤 잘못을 봐도 모두 자신이 저지를 뻔했던 것들이기 때문에 용서할 수 있게 된다."

나이를 이해한다는 것은 단순히 시간이 흐르는 것이 아니다.

"젊었을 때 노인의 장점을 알아채는 것, 노인이 돼서 청년의 장점을 유지하는 것, 두 가지 모두 매우 힘든 일이다."

젊은 시절에는 경험에서 오는 지혜를, 나이 든 시절에는 청년의 열정과 가능성을 잃지 않는 것이 중요하다. 이 두 가지를 균형 있게 지켜갈 때, 진정으로 멋지게 나이 들어갈 수 있다. 나이를 먹는다는 것은 성숙과 관대함을 배우고, 자신과 타인을 이해하며, 삶을 더욱 풍요롭게 만드는 과정이다.

잘못을 바로잡는다

잘못을 바로잡고 결점을 고치는 일은 인간을 성장시키는 최고의 방법이다.

"자신의 결점을 고치고 잘못을 바로잡는 것은 최고의 행복이다."

잘못을 인정하고 바로잡는 사람만이, 진정으로 스스로와 타인을 사랑할 수 있는 존재가 된다.

"인간의 잘못이야말로 인간을 진정으로 사랑할 만한 존재로 든다."

하지만 한 가지 중요한 점이 있다. 청춘의 잘못을 그대로 노년까지 가져가서는 안 된다.

"노년에게는 노년의 결점이 있기 때문이다."

삶의 단계마다 새로운 책임과 과제가 주어지기 때문에, 과거의 실수에 얽매이지 않고 끊임없이 자신을 바로잡아야 한다. 잘못을 마주하고 바로잡는 과정에서 우리는 성숙해지고, 삶의 무게를 조금 더 가볍게 느끼며, 한층 더 의미 있는 삶을 만들어 갈 수 있다.

죽음을 받아들인다

인간은 결국 다시 무(無)로 돌아갈 수밖에 없다.

"뛰어난 사람은 자신의 사명을 완수하는 것을 천직으로 삼는다. 그는 사명을 완수하면 더 이상 그 모습 그대로 지상에 남아 있을 이유가 없어진다."

역사 속 위인들도 마찬가지다. 모차르트는 35세, 라파엘로도 거의 같은 나이에 세상을 떠났다.

"그들은 자신의 사명을 완벽히 수행했고, 가야 할 때 갔다. 그것은 오래도록 이어질 이 세상에 있는 다른 사람에게도 할 일을 남겨두기 위함이다."

삶은 끝나지만, 그 흔적과 영향은 남는다. 죽음을 두려워하기보다, 자신의 사명을 다하고 떠나는 것이 진정한 완성이 된다. 남은 사람들은 그 발자취를 이어가며 또 다른 가치를 만들어간다. 죽음은 멀게만 느껴지지만, 사실 삶의 자연스러운 일부다. 완전히 이해할 수는 없어도, 받아들이는 순간 마음이 한결 가벼워진다. 사명을 다한 삶은, 떠나는 순간에도 의미와 가치를 남긴다.

이별을 견뎌낸다

바이마르 공화국의 카를 아우구스트 공이 사망했을 때, 그를 위해 일해왔던 괴테는 일부러 격무 속에 빠져들며 마음을 다잡았다. 격무를 통해 갑작스러운 이별의 충격을 완화시키려고 했던 것이다.

"죽음이란 기묘한 것이다. 아무리 죽음을 목격하고 경험해도 자신과 친한 사람에게는 죽음이 찾아오지 않을 거라고 생각하게 된다. 죽음은 믿을 수 없을 때 예기치 않게 찾아온다. 잘 알지도, 이해하지도 못하는데 돌연 현실이 되어버리는 것이 죽음이다."

사랑하는 사람이나 가까운 이와의 이별은 누구에게나 큰 충격이다.

갑작스러운 상실을 견디는 방법 중 하나는 마음을 분주하게 만드는 것이다. 바쁘게 몸과 정신을 움직이며, 격무 속에 몰입하면 충격과 슬픔을 조금씩 다독일 수 있다. 이별은 아프지만, 견디고 흘려보내며 삶의 흐름 속에서 마음을 회복하는 법을 배우게 한다. 슬픔을 받아들이는 과정에서 우리는 더 깊은 성숙과 평온을 얻을 수 있다.

인생을 깨닫는다

어린 시절, 우리는 모든 것을 감각으로만 이해한다. 눈으로 보고, 귀로 듣고, 피부로 느끼는 것이 전부라고 생각한다. 그러나 사랑을 경험하면 시선이 달라진다. 연인에게서 현실에는 없는 이상을 발견하며 이상주의자가 된다. 하지만 사랑이 흔들리면, 상대의 성실함을 의심하는 시선이 생기고, 세상사에 대한 믿음도 흔들린다.

시간이 흐르면 점점 무심해진다. 인생의 크고 작은 일들이 어떻게 되든 상관없다는 마음이 생기고, 마치 인도 철학자처럼 정적주의자의 마음가짐을 갖게 된다.

인생을 이해한다는 것은 단순히 감각과 감정에 휘둘리지 않고, 변화와 불확실성을 받아들이며 지금, 이 순간을 있는 그대로 살아가는 법을 깨닫는 것이다.

정신의 궤적을 좇는다

정신도 나이와 경험에 따라 변한다. 청년 시절, 우리는 내면의 열정과 이상에 이끌려 자신의 존재와 삶의 의미를 적극적으로 탐구한다. 그 시기에는 모든 것이 가능해 보이고, 자신이 옳다고 믿는 길을 따라간다.

장년이 되면 조금 달라진다. 스스로 선택한 길이 과연 옳았는지, 혹시 잘못된 것은 아닌지 의심하고 돌아보게 된다. 이때 회의가 시작되지만, 그것은 성숙의 과정이다.

노년에 이르면 또 다른 시각이 생긴다. 삶에서 많은 일이 우연과 운에 의해 이루어졌음을 깨닫고, 합리적이라고 믿었던 것들이 실패하고, 뜻밖의 일들이 성공하는 것을 보며 신비로움을 이해하게 된다.

정신의 궤적은 단순히 나이를 먹는 과정이 아니라 내적 성찰과 경험을 통해 점점 넓어지고 깊어지는 여정이다. 청년의 열정, 장년의 회의, 노년의 신비주의는 모두 하나의 연속선 위에서 의미를 만들어간다.

자신을 고정시키지 않는다

인간은 끊임없이 단계를 거쳐 성장해간다. 각 단계에는 저마다의 장점과 단점이 존재한다. 어떤 시기에는 빛나는 아름다움이, 때로는 부족함이 드러나기도 한다.

그러나 다음 단계로 나아가면 이전의 장점과 단점은 사라지고 새로운 장점과 단점이 나타난다. 우리는 스스로 혹은 남을 통해 지금의 모습만을 평가하고 싶어하지만, 그 모습이 결국 어떤 최종 형태로 이어질지는 알 수 없다.

성장은 일정한 틀에 맞춰 완성되는 것이 아니다. 지금의 나를 고정된 이미지로 바라보기보다 끊임없이 변화하고 진화하는 존재로 이해할 때, 더 자유롭고 유연하게 자신을 받아들일 수 있다.

자기상을 고정하지 않는다는 것은 완벽함을 추구하기보다, 변화 속에서도 자신을 존중하는 태도다.

그럼에도 도전한다

나이를 먹는다는 것은 단순히 시간이 흐르는 것이 아니라, 끊임없이 새로운 일을 시작하는 과정이기도 하다. 삶이 크게 변하는 순간, 우리는 선택의 기로에 서게 된다. 멈춰서서 변화를 두려워할 것인지, 아니면 의지와 자각을 가지고 새로운 역할과 도전을 받아들일 것인지 이 선택은 나이와 상관없이 항상 주어지며, 용기 있게 나아가는 사람만이 삶의 새로운 가능성을 발견할 수 있다.

죽음이 가까워진 순간까지도, 열정과 호기심으로 글을 쓰고 생각을 나누는 삶은 한계를 뛰어넘는 도전이 얼마나 큰 가치를 주는지 보여준다. 나이는 도전의 장애물이 아니라, 새로운 시작을 위한 또 하나의 기회일 뿐이다.

상실을 깨닫는다

나이가 들면, 누구나 중요한 권리 하나를 잃게 된다. 바로, 자신의 말과 행동이 동등한 사람들에게 비판받을 기회다. 젊음에는 자신의 생각이 틀릴 수 있다는 사실을 깨닫고 주위 사람들과 의견을 나누며 성장할 수 있다.

하지만 나이가 들면, 주위에는 자신과 동세대가 점점 줄어들고 자신의 의견을 정면에서 평가할 사람이 적어진다. 괴테도 82세까지 살면서 그 현실을 마주했다.

그 무렵, 함께 세상을 살아가던 동료들은 대부분 떠나고 없었다. 이때 비로소 사람은 삶에서 많은 것을 상실한다는 것을 깨닫는다.

그러나 상실을 인정하는 순간, 우리는 남은 시간과 기회를 더 소중히 여기게 된다. 평가받지 못하는 대신, 스스로 삶의 가치를 정하고 마지막까지 의미 있는 시간을 만드는 선택이 가능해진다.

죽음을 두려워하지 않는다

괴테는 죽음을 두려워하지 않았다. 죽음은 누구에게나 찾아오지만, 그것을 두려워할 필요는 없다. 정신은 파괴되지 않으며, 삶이 끝난다고 사라지지 않는다. 오히려 정신은 영원에서 영원으로 이어지며 계속 활동한다. 마치 태양처럼, 눈에 보이는 모습은 사라지는 듯해도 실제로는 끊임없이 빛을 발한다.

우리가 느끼는 끝은 단지 형식일 뿐, 본질은 여전히 살아 있다. 죽음을 떠올려도 마음이 평온해지는 이유는 여기에 있다. 삶의 순간순간을 충실히 살며, 정신이 남기는 빛을 느낄 수 있기 때문이다. 죽음을 피하려 애쓰기보다, 지금 나의 존재와 정신을 깊이 이해하고 받아들이는 것. 삶과 죽음은 분리된 것이 아니라 하나의 연속선이다.

죽음을 자연스럽게 받아들이는 사람은 삶을 더욱 선명하게 경험하며, 후회 없는 하루를 살아간다.

현재의 가치를 깨닫는다

우리는 종종 미래에 대한 기대에 마음을 빼앗기거나, 이미 지나간 과거를 붙들고 살곤 한다.

하지만 삶의 진짜 가치는 지금, 바로 현재에 있다. 지금, 이 순간에도 삶은 충분히 의미 있고, 보람을 느낄 수 있는 기회로 가득하다. 현재를 소홀히 하면, 마음은 늘 불안과 갈망 속에서 흔들리게 된다. 미래의 행복만을 좇거나 과거의 기억 속에 머무르는 삶은 결국 자신을 잃어버리는 길과 다르지 않다.

반면, 지금 여기에 집중하는 사람은 작은 일상 속에서도 행복과 성취를 발견한다. 아침에 마시는 한 잔의 커피, 걸음을 옮기며 느끼는 바람, 사소한 대화 속에서 웃음을 찾는 순간, 모두가 삶의 가치다.

오늘 내가 하는 선택과 행동이 내일을 만든다. 하지만 그 출발점은 언제나 '현재'라는 자리다. 지금 여기에서 최선을 다하는 삶, 그 순간순간이 모여 풍요로운 미래와 진정한 행복을 만들어간다.

Part 9.

믿음

내세는 내세에 맡긴다

천국이 존재하는가, 내세가 있을까 하는 질문은 큰 의미가 없다.

"현세에서 노력하고 싸우는 유능한 사람은 내세의 일은 내세에 맡기고 현세에서 무언가를 해내고 기여하려 한다. 영원히 살 수 있다는 사상은 현세에서 가장 불운한 사람들을 위해 존재한다."

현명한 사람은 내세를 핑계 삼아 현세를 소홀히 하지 않는다. 오늘의 삶과 선택이 가장 중요함을 알고, 현세에서 최선을 다하며 살아간다.

신을 이용하지 않는다

신의 존재를 부인하지 않으면서도, 기독교의 본질을 예리하게 꿰뚫어 볼 수 있었다.

"기독교는 인간을 죄의 무게에서 해방시켜줄 수 있다는 신앙과 연결시켜 막강한 세력을 이루었다. 그 신앙을 이용해 교회 건물을 확보하는 것이 성직자의 주요 목적이 되어버렸다."

진정한 신앙은 권력이나 목적을 위해 이용되어서는 안 된다. 현명한 사람은 신의 권위를 도구로 삼는 집단을 경계한다.

성서를 악용하지 않는다

성서를 애독했기에, 교회가 그 의미를 왜곡하는 모습이 분명히 보였다.

"정신의 계몽, 높은 도덕과 고귀한 인간성에 대한 가르침이 성서에 담겨 있는지에 대해, 대부분의 신자들은 별로 신경 쓰지 않는다. 대신 죄와 구세주에 관한 이야기만 더 중시한다."

결국 교회는 예수의 가르침을 크게 왜곡하고, 성서 본래의 메시지를 가리거나 조작하는 방식으로 활용했다.

진정한 성서는 인간성을 고양하고, 스스로를 돌아보게 하며, 삶을 올바르게 살아가도록 이끄는 도구여야 한다.

지배당하지 않는다

눈을 뜨고, 지배당하는 것을 멈추자. 교회의 제도 속에는 어리석은 점이 많다. 그들은 사람들을 통제하고, 순응하며 몸과 마음을 낮추는 대중을 필요로 한다. 신분 높은 성직자는, 하층 계급이 스스로 생각하고 자각하는 것을 가장 두려워한다.

현명한 사람은 권력과 교리의 허상을 분별하고, 누군가의 지배 아래 자신을 맡기지 않는다. 자유로운 생각과 판단으로 자신의 삶과 마음을 지키는 것이 가장 중요하다.

신을 모독하지 않는다

신은 인간의 이해를 넘어서는 지고한 존재다. 그렇기에 세상의 신에 대한 해석에서 황당함을 금할 수 없다.

"사람들은 이해할 수도, 상상할 수도 없는 지고의 존재를 마치 자신들과 같은 존재인 양 다루고 있다. 그렇지 않다면 '주인 되신 신', '사랑하는 신', '선하신 신' 같은 말을 할 수 없을 것이다."

신을 세속적 차원으로 폄하하거나, 인간의 기준으로 재단하는 것은 올바르지 않다. 진정한 경외와 존중 속에서만 신에 대한 이해와 사유가 의미를 가진다.

속지 않는다

무지한 대중이 교회에 속는 모습을 안타깝게 바라보았다.

"교회는 교의를 남용해 신자들의 마음에 위험한 의혹의 씨앗을 뿌리고 있다."

그 결과 많은 사람이 혼란을 겪으며, 삶과 죽음의 경계에서 방황하게 된다.

프랑스 시인 피에르 장 드 베랑제의 나폴레옹 찬가를 보며, 기독교도의 권력과 예수회와 함께 부활하는 암흑정치에 대한 분노와 경계를 공유하게 된다.

권력과 교리의 허상을 분별하고, 스스로 생각하고 판단하는 힘이 중요하다. 속지 않고 의연하게 현실을 바라보는 태도가 지혜로운 삶의 출발점이 된다.

건강을 칭송한다

괴테는 한때 불신자라고 비난을 받기도 했지만, 그가 거부한 것은 왜곡된 신앙일 뿐이었다. 그가 찬양한 것은 태양 속에 깃든 빛과 생명의 생산성이었다.

"모든 식물과 동물은 신의 빛과 생산성에 의지해서만 생명을 이어갈 수 있다. 베드로나 바울의 엄지손가락 앞에 머리 숙이는 것은 거부한다."

앞으로도 사람들은 가축에게 사료를 주고, 인간에게 마실 것과 음식을 제공하는 자를 신처럼 여길 것이다.

하지만 진정한 숭배는 생명을 낳고, 그 생명이 세상에서 번창하도록 힘을 주는 존재에게 돌아간다. 괴테에게 건강과 생명력은 단순한 육체적 상태가 아니라, 자연과 우주의 근본적 질서와 연결된 신성한 힘이었다.

유익한 것을 배운다

"성서 보급이 유익하다느니 해롭다느니 하는 논쟁이 늘 큰소리로 반복돼 왔다. 앞으로도 마찬가지일 것이다."

종교나 철학, 지식의 모든 요소는 양날의 검과 같다.

"성서가 과거처럼 도그마로서 환상적으로 다뤄진다면 유해하지만, 신의 가르침으로서 풍요로운 마음 속에 받아들여진다면 유익하다."

중요한 것은 무엇을 배우느냐보다, 어떻게 받아들이고 삶에 적용하느냐이다. 지혜롭게 이해하고 활용할 때, 모든 지식과 가르침은 삶을 풍요롭게 만드는 힘이 된다.

미신을 경계한다

미신은 인간에게 불가피하게 깃드는 요소다.

"미신은 인간의 본성상 불가피한 것이다."

완전히 추방하려 해도, 생각지도 못한 곳에서 다시 모습을 드러내곤 한다.

"미신은 완전히 추방하려 해도 생각지도 못한 곳에 숨어 있다가 상황이 정리되면 다시 태연히 나타난다."

그래서 중요한 것은 미신을 완전히 제거하려 애쓰기보다, 늘 깨어 있는 태도로 그 영향력을 최소화하는 것이다. 스스로의 판단과 이성을 세워 두고, 불필요한 두려움과 편견에 휘둘리지 않는 것이 핵심이다.

종교를 특별 취급하지 않는다

예술에서 종교가 특별한 위치를 차지하는 것은 아니다. "예술과 종교의 관계도, 인간이 관심을 갖는 다른 고상한 것과의 관계와 같다. 종교는 그저 하나의 소재이며, 인생의 다른 소재들과 동등한 권리를 갖는 것에 불과하다."

종교든, 철학이든, 예술이든, 삶에서 중요하게 여겨지는 모든 요소는 동등한 시선으로 다루어야 한다. 어떤 것을 과도하게 높이거나 특별하게 취급할 필요는 없다. 모든 소재는 그 자체로 의미를 지니고, 어떤 선택을 통해 표현되고 이해될 뿐이다.

균형 있는 시선으로 삶과 예술을 바라볼 때, 더 깊고 풍요로운 이해로 이어진다.

의연하게 대처한다

《젊은 베르테르의 슬픔》이 출판되자마자 이탈리아 번역판이 등장했지만, 곧 서점에서 자취를 감췄다. 교회 측이 초판을 모두 사들이도록 지시했기 때문이다. 그 상황을 화내거나 당황하기보다, 그 안에서 흥미로운 점을 발견할 수 있었다.

《젊은 베르테르의 슬픔》이 교회 입장에서 악서(惡書)로 여겨진다는 사실, 그리고 교회 측이 그것을 신속하게 파악하고 대응하는 예리함을 갖추었다는 점에서 기쁨을 느꼈다.

예기치 못한 상황에도 감정을 흔들리지 않고, 객관적인 시선으로 상황을 관찰하며 의미를 찾는 태도가 중요하다. 의연하게 대처하는 사람은, 위기 속에서도 평정과 통찰을 얻는다.

“인간은 노력하는 한 방황한다.”
— 요한 볼프강 폰 괴테

편저자 **지선**

오랫동안 번역을 하며 강사로도 활동했다. 현재는 출판기획자로 좋은 책을 만들려고 부단히 노력하고 있다. 편역한 책으로는 《흔들려도 나를 믿는 연습》, 《바라는 대로 이루어지는 부의 법칙》, 《바라는 대로 이루어지는 삶의 법칙》 등 다수가 있다.

길을 잃어도 걸음을 멈추지 않는다

초판 1쇄 발행 2026년 2월 25일

지은이 요한 볼프강 폰 괴테
편 저 지선
발행처 이너북
발행인 이선이

편 집 심미정
디자인 이유진
마케팅 김 집, 송희준

등 록 2004년 4월 26일 제2004-000100호
주 소 서울특별시 마포구 백범로 13 신촌르메이에르타운 Ⅱ 305-2호(노고산동)
전 화 02-323-9477 | 팩스 02-323-2074
E-mail innerbook@naver.com
블로그 blog.naver.com/innerbook
페이스북 @innerbook
인스타그램 @innerbook_

ⓒ 요한 볼프강 폰 괴테, 지선, 2026

ISBN 979-11-94697-29-9 (04320)
　　　　　979-11-88414-80-2 (세트)

이너북은 독자 여러분의 소중한 원고 투고를 기다리고 있습니다.
원고가 있으신 분은 innerbook@naver.com으로 보내주세요.